AF288881

Angelika Holz

FRISCH GESCHNITTEN 3.0

Textilgestaltung
mit dem Plotter

plotterbuch.de

Impressum

Text, Gestaltung und Satz: Angelika Holz
Lektorat: Dr. Barbara Dierolf, Dagmar Steinmetzer
Fotos: Astrid Algermissen, Angelika Holz

Veröffentlicht: 2018 im Selbstverlag
www.plotterbuch.de

Herausgeber: Angelika Holz
Selma-Lagerlöf-Ring 22
14822 Borkwalde

Druck: OPTIMAL MEDIA, Röbel

ISBN 978-3-9818772-3-6
2. Auflage 2022

Alle Rechte vorbehalten.
Copyright © 2018 Angelika Holz

Jede Art der Vervielfältigung, Nachdruck oder Digitalisierung
ohne schriftliche Genehmigung der Herausgeberin ist unzulässig.

Die in diesem Buch vorgestellten Projekte sind urheberrechtlich
geschützt und dürfen ausschließlich für private Zwecke nachgearbeitet werden.

Die Inhalte dieses Buchs sind von der Autorin sorgfältig geprüft.
Dennoch kann keine Garantie übernommen werden. Eine Haftung
für Personen-, Sach- und Vermögensschäden ist ausgeschlossen.

Danke

Ein herzliches Danke geht an Astrid, Barbara und Dagmar, meinem Team, das
mit vielen tollen Tipps und Ideen, konstruktiver Kritik und unendlicher Geduld
einen großen Teil zu diesem Werk beigetragen hat.
Ein weiteres Danke geht an Jenn und Leonie, deren außergewöhnliche
Grafiken ich verwenden durfte, um das Buch noch schöner zu machen.

Meine Schneideplotter und ich...

Liebe Leser,

nach vier Büchern übers Plotten gehen mir die Ideen immer noch nicht aus. Im Gegenteil, je mehr ich mich mit den vielseitigen Schneidemaschinen beschäftige, desto mehr fällt mir ein, was ich auch noch ausprobieren möchte.

So entstand dieses Buch, in dem sich diesmal alles um Textilien dreht.

Mit etwas Fantasie und einfachen Mitteln können ganz individuelle Kleidungsstücke und sehr persönliche Dekorationen für das eigene Zuhause und zum Verschenken angefertigt werden.

Natürlich darf die Verarbeitung von Bügelfolien nicht fehlen, mit denen du schnell und einfach Kleidung und Accessoires einen persönlichen Touch geben kannst. Der Schneideplotter kann jedoch auch bei vorbereitenden Arbeiten zum Nähen eine große Hilfe sein, z. B. beim Zuschneiden einer größeren Stückzahl gleicher oder exakt zugeschnittener Schnittteile.

Dann wird es bunt.
Du kannst nämlich mit dem Plotter auch Materialien schneiden, die dir dabei helfen, deine eigenen Stoffe zu bedrucken: Stempel, Masken und Schablonen.
Ich zeige dir die verschiedenen Techniken mit vielen Beispielen zum Mitmachen, was du dafür brauchst und wie du am besten vorgehst.

Viele Techniken lassen sich kombinieren und oft sind die unerwarteten Zufallsergebnisse am Schönsten.
Bei der Textilgestaltung kann der Perfektionismus einmal beiseite gelegt werden. Wenn etwas scheinbar schief geht, kann es immer noch irgendwie gerettet werden.

Im Vordergrund steht der Spaß.
Viel Freude auf deinem Weg durchs Buch!

Über die Autorin

Angelika Holz

ist Modedesignerin und IT-Managerin für Neue Medien. Sie ist seit 1989 selbstständig und hat zahlreiche sehr unterschiedliche Projekte realisiert.

Sie sagt von sich selbst, sie ist ein „Anfassmensch". Sie liebt Papier und Stoffe, Farbtöpfe und Werkzeuge, aber auch die moderne Technik, das Internet und digitales Design.

Am liebsten jedoch verbindet sie das alles miteinander und heraus kommen dabei bunte Produkte für den täglichen Gebrauch.

Auf Facebook findet ihr sie als „Angelika Papierschere" und Ihre Facebookseite heißt: „FrischGeschnitten.com"

Auf ihrem deutschen Blog „PapierSchereStoff" schreibt sie über kreative Leidenschaften: Pixeln, Malen, Zeichnen, Streichen, Drucken, Stanzen, Schneiden, Kleben, Stecken, Nähen, Bügeln und Laminieren...

Dazu gibt es viele Tipps und Tricks, Ideen und Anleitungen zum Basteln, Nähen und Plotten.

Angelika Holz gibt Plotter-Workshops in ihrem roten Holzhaus südlich von Berlin, mitten im Grünen und manchmal auch anderswo.

„Frisch Geschnitten 3.0" ist ihr fünfter Buchtitel zum Thema Kreativsein mit dem Schneideplotter.

Follow me!

Über dieses Buch

Dieses Buch ist unabhängig von den Plotter- und Material-Herstellern geschrieben. Ich benutze tatsächlich meine Plotter der drei großen Marken gleich gern, mal den einen, mal den anderen.

Die Projekte in diesem Buch können mit den Geräten aller Marken nachgearbeitet werden. Bei den verwendeten Materialien habe ich oft die Originalmaterialien der Plotter-Hersteller benutzt, da die Textilverarbeitung nicht ganz unproblematisch ist und die Hersteller das Zubehör genau für diese schwierigen Anwendungen entwickelt haben.

Alle anderen Materialien wie Bügelfolien, Siebdruckfarben, Stoff- und Acrylfarben und Werkzeuge kannst du frei wählen. Ich habe einfach genommen, was ich hatte und es hat funktioniert.
Die Künstlermaterialien sind alle von sehr guter Qualität.
Du solltest jedoch unbedingt die Gebrauchshinweise beachten.

Die Dateien

Zum ersten Mal biete ich die Dateien zum Buch auch als Downloads an, da hier der Fokus nicht darauf liegt, das Plotten und die Dateierstellung zu erlernen, sondern die vorgestellten Techniken auszuprobieren und den Plotter dabei zu Hilfe zu nehmen.

Für alle Projekte, bei denen du den Code abgebildet siehst, sind Schneidedateien zum Herunterladen bereitgestellt. Du kommst direkt zu den Download-Dateien, indem du den Code mit dem Smartphone oder Tablet scannst.
Zum Herunterladen der Dateien erstellst du einen Account in meinem Shop www.frischgeschnitten.com. Die Dateien sind kostenlos:
„Dateien zum Buch Frisch Geschnitten 3.0"
Die Dateien sind nur zur privaten Verwendung und dürfen nicht weitergegeben werden.

In dem Dateienpaket findest du die Dateien in den Formaten .fcm für Brother-Geräte und .svg für Geräte von Cricut und Silhouette America®, sowie Stickdateien in verschiedenen Stickformaten.
.studio3-Dateien dürfen nicht kommerziell weitergegeben werden.
Deshalb brauchst du zum Öffnen der .svg-Dateien in Silhouette Studio® die Designer Edition.

Inhaltsverzeichnis

Plotterspaß mit Bügelfolien

Ab Seite 10

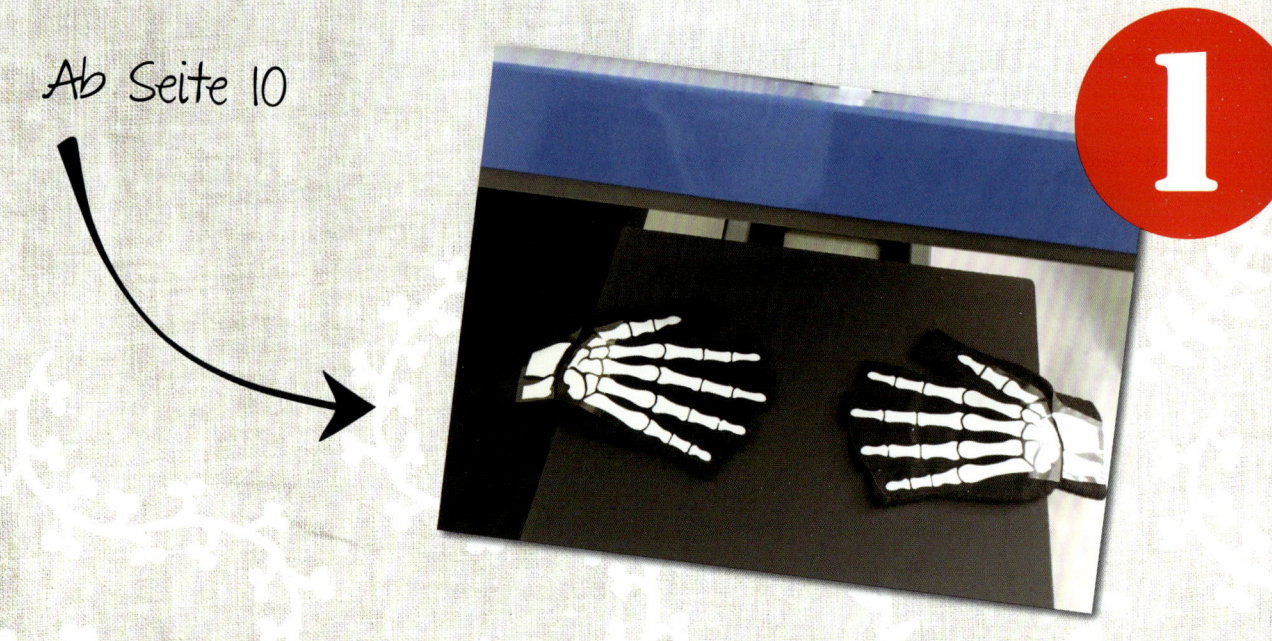

1

Stoffe schneiden

Und auch andere Textilmaterialien

2

Ab Seite 42

Stoffe bedrucken

Mit Stempeln, Schablonen und Masken

Eigene Muster herstellen mit dem Plotter

3

Ab Seite 72

Projekte mit Stoffdruck

In verschiedenen Techniken

4

Ab Seite 110

Prinzessin hat heute keine Lust zu turnen

Plotterspaß mit Bügelfolien

Bügelfolien gibt es in einer großen Auswahl und in den verschiedensten Ausführungen.
Sie sind mit dem Schneideplotter einfach zu schneiden. Du kannst sowohl feinste Linien und filigrane Muster als auch großflächige Motive und Schriftzüge schneiden und verarbeiten.

Zum dauerhaften Aufbringen auf Textilien brauchst du ein Bügeleisen, am besten eines ohne Dampflöcher in der Sohle, oder eine Transferpresse. Die Bügelfolienmotive werden mit viel Druck und Hitze aufgepresst.

Bei richtiger Anwendung sind die veredelten Textilien voll waschbar. Bitte beachte unbedingt immer die Aufbügelanleitung zu der Bügelfolie, die du verwendest. Achte beim Kauf darauf, dass die Bügelfolie für den Zweck geeignet ist, für den du sie verwenden möchtest.

Das brauchst du zum Verarbeiten von Bügelfolien

Bügeleisen

Backpapier oder Teflonfolie

Zum Entgittern: Pick oder Entgitterhaken oder Pinzette

Bügelfolien

Oder statt dem
Bügeleisen eine
Transferpresse

Projekte und Beispiele

Prinzessin hat heute keine Lust zu turnen

Das brauchst du:

- einen Turnbeutel aus Kunstleder
- einen DIN A4 Bogen schwarze Flockfolie
- Entgitterhaken oder Pinzette

Datei als Download

Achtung!

Fast alle Bügelfolien müssen vor dem Schneiden gespiegelt werden, weil sie nach dem Schneiden kopfüber auf das Textil gepresst werden!

Zuerst erstellst du deine Datei oder rufst die heruntergeladene Datei in deiner Software oder an deinem Schneideplotter auf. Es gibt 2 Versionen:
- **01_01_prinzessin**
- **01_01_prinz**

Überprüfe die Größe, sodass sie perfekt auf deinen Turnbeutel passt.
Vergiss nicht, dass das Motiv vor dem Schneiden aus Flockfolie gespiegelt werden muss.
Mache die Einstellungen zum Schneiden:
- Messerlänge
- Schneidedruck
- Schneidegeschwindigkeit

Dann lege die Flockfolie auf die Schneidematte.

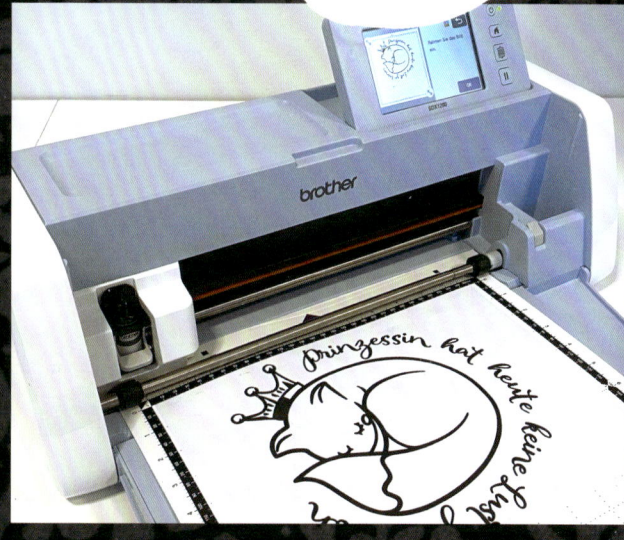

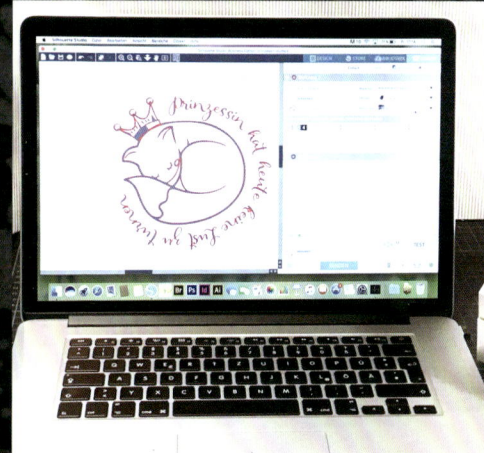

Die glatte, glänzende Seite der Bügelfolie wird immer nach unten auf die Schneidematte gelegt. Das ist die Transferfolie. Sie wird nicht durchgeschnitten. Nur die matte Folienbeschichtung oben wird vom Plotter geschnitten.

Nach dem Schneiden entfernst du mit dem Entgitterhaken oder einer Pinzette alle Teile um das eigentliche Motiv herum.
Dieser Vorgang wird in der Fachsprache „Entgittern" genannt.

Nach dem Entgittern legst du dein Folienmotiv kopfüber auf den Turnbeutel.
Achte darauf, das Motiv etwas weiter unten zu platzieren, da sich der obere Bereich beim Zuziehen mit der Kordel in Falten legt.

Zum Aufbügeln brauchst du eine glatte, harte Unterlage, z. B. ein Holzbrett. Lege nun einen Bogen Backpapier oder eine Teflonfolie über das Folienmotiv.
Dann presse das heiße Bügeleisen mit viel Druck auf das Motiv.

Beachte beim Aufpressen die für deine Bügelfolie empfohlene Temperatur und Pressdauer.
Alternativ zum Bügeleisen kannst du die Bügelfolie mit einer Transferpresse aufbringen. Dann ziehst du die Transferfolie vorsichtig ab.

Achtung!
Die Kleidungsstücke und Accessoires dürfen frühestens 24 Stunden nach dem Aufbringen der Bügelfolie gewaschen werden und sollten grundsätzlich nicht im Trockner getrocknet werden.

Leuchtende Skeletthandschuhe

Datei als Download

Das brauchst du:

- ein Paar schwarze Fingerhandschuhe
- einen DIN A4 Bogen nachtleuchtende, weiße Bügelfolie
- Entgitterhaken oder Pinzette, Schere

Öffne die heruntergeladene **Datei 01_02_skeletthand** in deiner Software oder rufe sie an deinem Schneideplotter auf. Dupliziere die Skeletthand und spiegle sie einmal.

Dann schneide die Hände aus der nachtleuchtenden Flexfolie, entgittere den Folienbogen und schneide die Transferfolie darum herum ab.

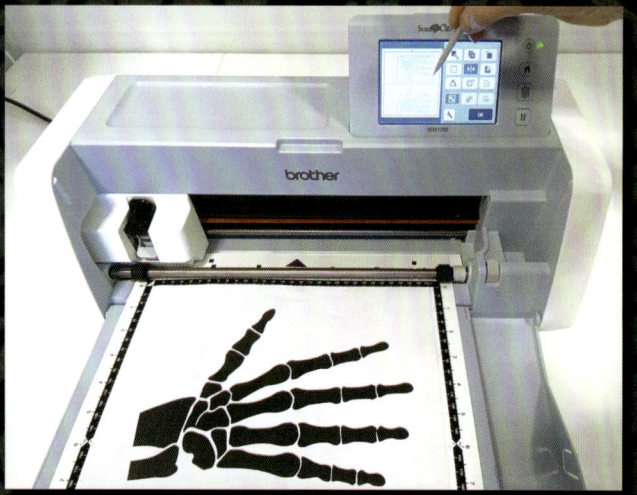

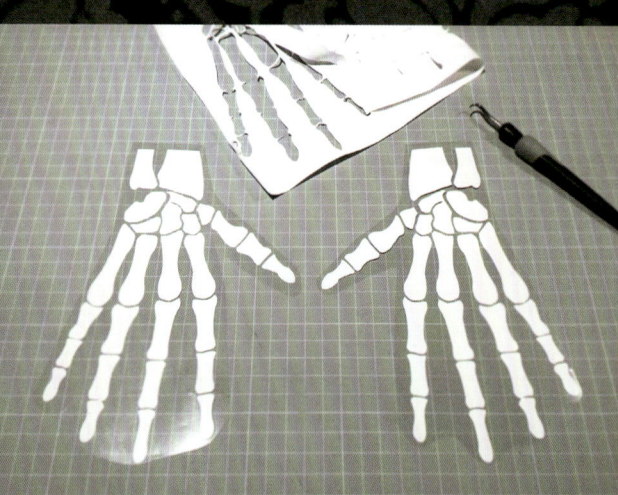

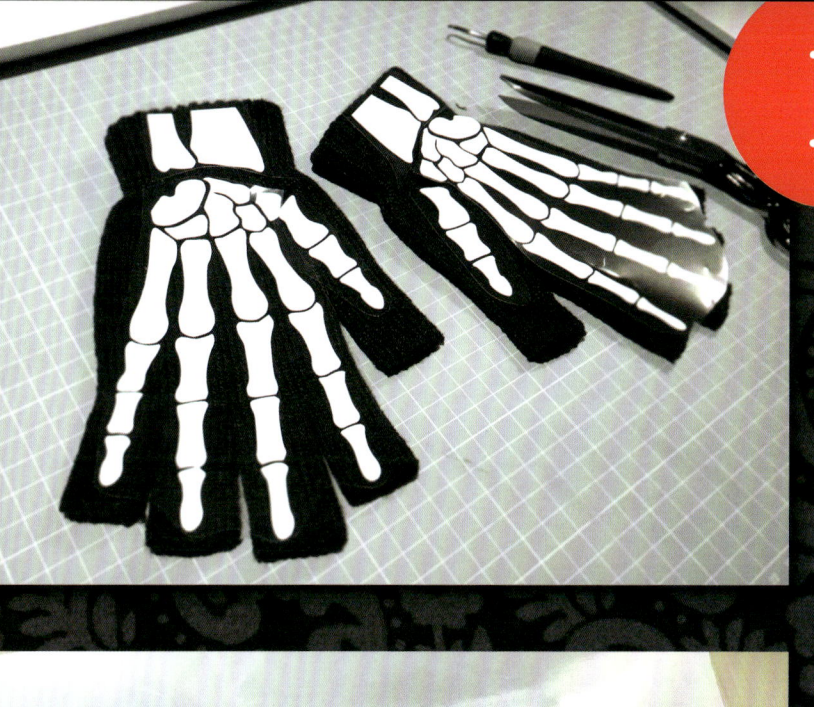

Lege die Skeletthände auf deine Handschuhe auf und ziehe die Finger zurecht, sodass die „Knochen" mittig darauf liegen. Schneide die „Knochen" oben am Handgelenk mit der Schere passend ab.

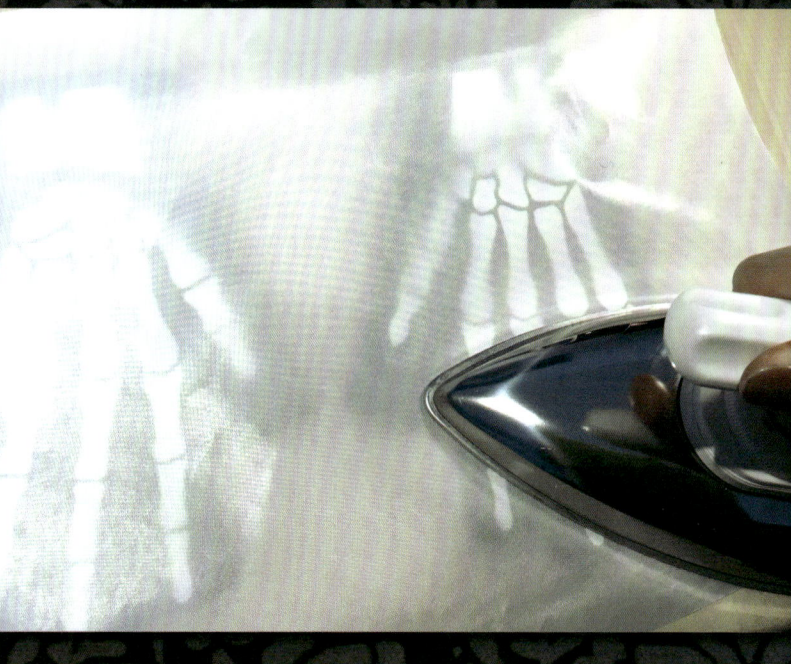

Wenn du die Transferpresse zum Aufbringen benutzt, stelle den Druck nicht zu hoch ein, um die Handschuhe nicht zu platt zu drücken. Mit dem Bügeleisen presse wie im Projekt zuvor beschrieben.

Achtung!
Falls deine Folie nicht im Dunkeln leuchtet, muss sie sich vielleicht zuerst im hellen Tageslicht aufladen. Bitte beachte die Anleitung der von dir benutzten Bügelfolie.

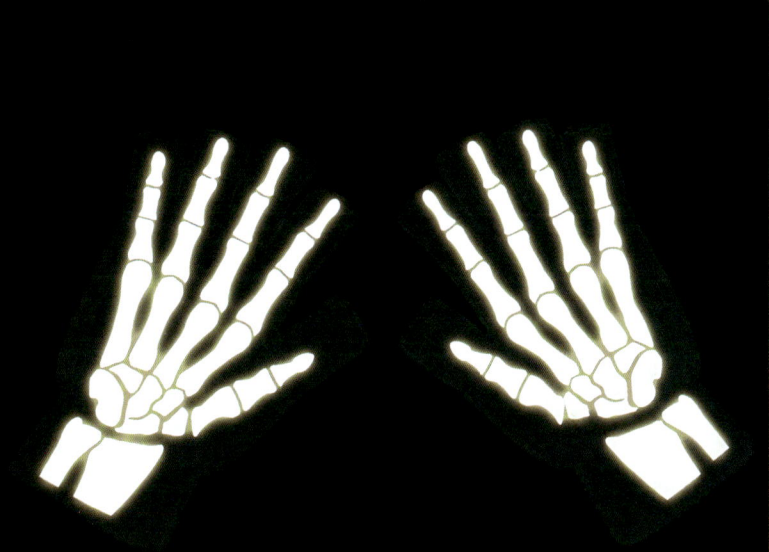

Ausgefranste Kanten
mit Flockfolie sichern

Das brauchst du:

- eine Jeanshose oder je ein Stück Jeansstoff ca. 40 cm x 15 cm für die Blumen
- Flockfolienreste: Streifen von ca. 30 cm Länge in mindestens 2 verschiedenen Farben.
- Entgitterhaken oder Pinzette, Schere

Die kleinen Motive aus Flockfolie werden doppelseitig auf die Stoffkanten aufgebügelt – einmal innen und einmal außen direkt passgenau darüber.

Die Kanten können so nicht weiter ausfransen und sind außerdem ein echter Hingucker.

Öffne die **Datei 01_03_muster-streifen** in deiner Software oder rufe sie an deinem Plotter auf. Schneide entsprechend viele Motivreihen aus Flockfolie. Entgittere die Musterstreifen.

Lege einen Streifen mit Halbmonden unter die Schnittkante, sodass sie halb unter dem Stoff liegen und halb darunter hervorschauen. Dann lege einen zweiten Streifen passgenau oben darauf.

Mit dem Bügeleisen presst du die Hosenkante wie auf S. 17 beschrieben mit Backpapier oder Teflonfolie bedeckt bis die Motive sich verbinden. Auf der Transferpresse legst du die Kante am besten über Eck.

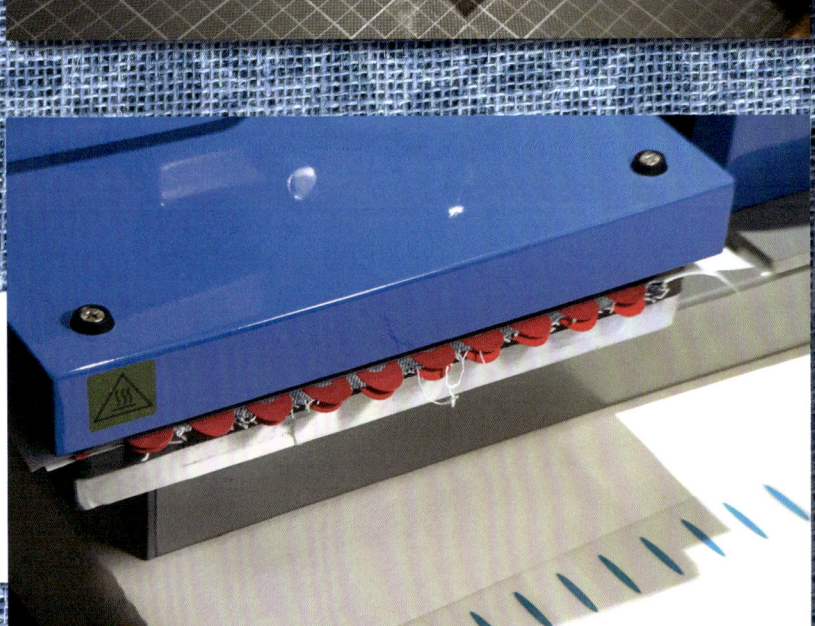

Ziehe die Transferfolie ab.
Lege nun die geschnittenen
Motivstreifen doppelt auf die
andere Seite des Hosenbeins und
presse die Bügelfolie auf. Dann
bringe die Bügelfolien am
zweiten Hosenbein an.

Wenn die Kanten versiegelt sind,
lege die länglichen Ovale an und
presse diese ebenfalls auf. Wenn
möglich, presse die Kante nicht
noch einmal, damit die Flockfolie
nicht zu plattgepresst wird.

Die doppelseitig aufgepressten
Motive versiegeln nicht nur die
Schnittkanten, sondern sind auch
ein hübscher Effekt.
Bunt verzierte Jeans sind gerade
voll im Trend.

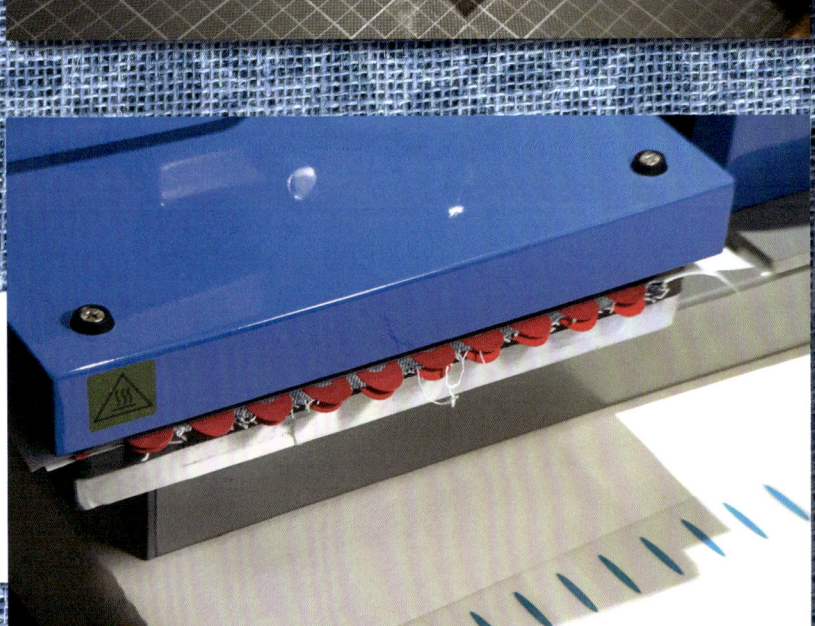

Aus Resten von Jeansstoff kannst du dekorative Blumen machen. Dazu brauchst du jeweils zwei Reihen der halbmondförmigen Motive aus Flockfolie und je eine Reihe der länglichen Ovale.

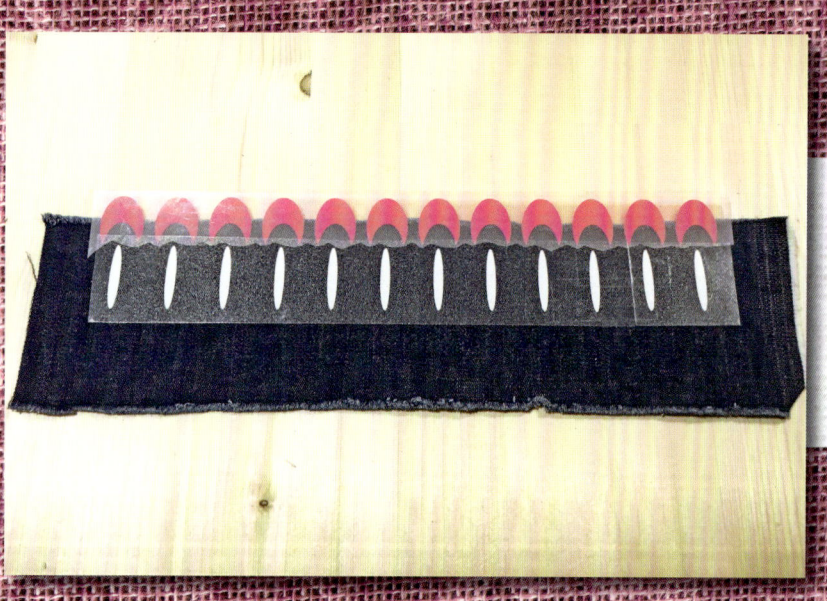

Die halbmondförmigen Motive legst du einmal halb unter die Stoffkante und einmal passgenau oben darauf. Schneide die Transferfolie der Ovale mit der Schere knapp ab. Dann lege diese dicht dahinter.

Lege einen Bogen Backpapier oder Teflonfolie auf die Motivstreifen und bügle sie mit viel Druck auf den Stoff auf oder presse sie mit der Transferpresse.

Ziehe die Transferfolie ab. Nähe den Saum von Hand oder mit der Nähmaschine einmal ein-geschlagen 1 cm breit um.

Dann nähe die Seitennaht. Zum Schluss raffst du die Unter-seite zusammen und wickelst das Nähgarn ein paarmal um den Saum herum. Dann vernähst oder verknotest du den Faden am Ende.

Ziehe die Blumen oben auseinan-der. Nun kannst du sie an ein Kleidungsstück oder an eine Tasche anheften. Du kannst auch eine Anstecknadel an die Blumen annähen, um diese zu befestigen.

Frottee beplotten, geht das?
Ja!

Das brauchst du:

- quadratische Waschlappen aus Frottee
- Handtücher aus Frottee oder Waffelpikee
- Glitzerbügelfolie in 3 verschiedenen Blautönen: 1 DIN A4 Bogen pro Farbe reicht für ca. 2 Handtücher und 4 Waschlappen.
- Entgitterhaken oder Pinzette, Schere

Datei als Download

Tipp!

Für Frottee wähle nicht zu kleine, filigrane Motive. Flächige Motive halten besser auf den Schlingen und dem festen Stoff zwischen den Schlingen.

Die Handtücher und Waschlappen müssen gewaschen werden, bevor du sie mit Bügelfolie verzierst.

Erstelle deine Wunschmotive in der Software oder öffne die heruntergeladene **Datei 01_04_splash** im Schneideprogramm oder an deinem Plotter.

Mit dem Brother ScanNCut kannst du die Motive von Seite 28 auch einfach einscannen.

Zum Anpassen der Größe müssen die Motive alle zusammen gruppiert sein, damit die Einzelteile hinterher wieder zusammenpassen.

Dann schneide die Motivseite in allen drei Farben einmal aus der Glitzerfolie. Spiegeln nicht vergessen!

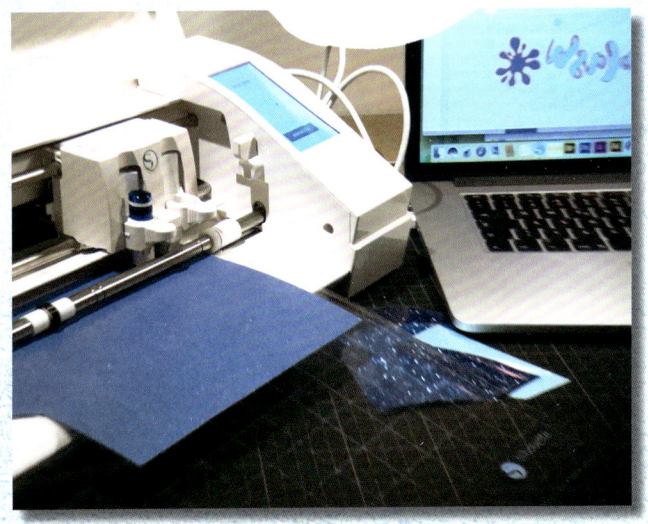

Splash

Face up

Nach dem Schneiden mit dem Plotter schneide die Motive mit der Schere grob auseinander. Das Entgittern geht leichter, wenn die Flächen kleiner sind. Dann entgittere die Motive sorgfältig.

Lege die Folienmotive nun so auf den Handtüchern aus, wie du sie später aufbügeln möchtest. Kombiniere dabei verschiedenfarbige Motive miteinander. Das macht die Designs noch lebendiger.

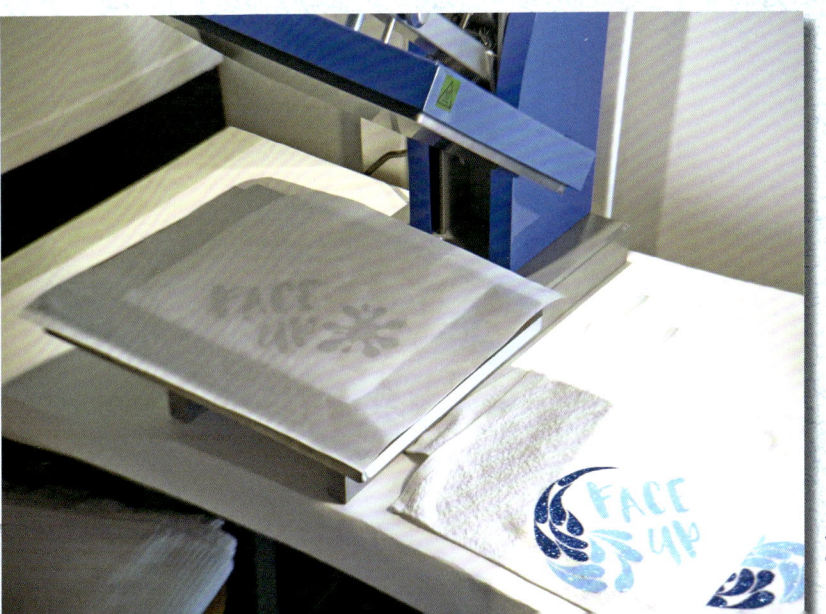

Dann presse die Folienmotive mit dem Bügeleisen oder der Transferpresse unter starkem Druck wie auf S. 17 beschrieben auf. Beachte dabei die Empfehlungen für die von dir verwendete Folie.

ohhh
ohhh

Patches ganz ohne
Näh- oder Stickmaschine

Das brauchst du für Augen, Mund und ohhh:

- ein Stück steifen, schwarzen Bastelfilz
- Bügelfolienreste in Schwarz, Weiß, Blau, Pink, Rot, Dunkelrot, Gelb und Grün
- ca. 6 Strasssteine pro Auge in Schwarz und je einen in Weiß pro Mund
- Entgitterhaken oder Pinzette, Schere

Das brauchst du für die Spiegeleier:

- ein Stück steifen, weißen Bastelfilz
- 1 Bogen weiße 3D-Bügelfolie, die sich beim Aufbügeln aufpufft
- ein Stück weiße Glitzerbügelfolie
- ein Stück gelben Satinstoff
- ein Stück Aufbügelmaterial für Applikationen zum Stoffeschneiden mit dem Plotter. Mehr Infos dazu findest du auf S. 44-45
- ein Stück dickes Wattevlies für die Eigelbe

...nur mit Schneiden und Aufbügeln...

31

Zuerst schneidest du die großen Basisteile aus dem steifen Filz. Hierzu muss die Schneidematte sehr gut kleben. Die Filzfusseln kannst du hinterher mit einem ölfreien Babytuch vorsichtig von der Schneidematte abreiben.

Für die Eigelbe bügelst du das Aufbügelmaterial auf die linke Seite des gelben Satinstoffs. Das Trägerpapier ziehst du ab und legst den Stoff mit der rechten Seite nach oben auf die Matte. Dann schneide die Eigelbe.

Als nächstes schneidest du alle Teile, die du aus Bügelfolie brauchst, in deinen Wunschfarben. Dann schneidest du mit der Schere jeweils 2-3 kleine Kreise aus Wattevlies, etwas kleiner als die Stoffkreise, um diese zu unterfüttern.

Die Bügelfolie wird in Schichten auf den Filz aufgebügelt. Dadurch werden die Patches mehrfach gepresst, was ihnen jedoch nicht schadet. Bitte beachte beim Aufbügeln die Anleitungen für die jeweiligen Bügelfolien.

Für die Spiegeleier lege das Watte-vlies in die Mitte und den gelben Stoff oben darauf. Dann presse mit dem Bügeleisen die Kanten fest. Das Aufbügelmaterial schmilzt bei Hitze und klebt auf dem Untergrund. Zum Schluss presse den Ring darüber.

Lege jeweils einen einzelnen Strass-stein zum Aufbügeln auf den Zahn im Mund. Decke ihn mit einem Rest Transferfolie ab und bügle ihn laut Anleitung mit dem heißen Bügel-eisen auf. Die Patches kannst du dann auf Kleidung aufnähen.

Folkloremuster mit Metalliceffekt durch Veredelungsfolien

1

Tipp!

Tasche selber nähen! Die Tasche auf dem Foto ist nach dem Muster der Ruck-zuck-Tasche, die im Buch „Frisch Geschnitten 2.0" Schritt für Schritt beschrieben wird, genäht.

Das brauchst du:

- eine fast quadratische Stofftasche
- ca. 30 cm x 30 cm schwarze Flexfolie
- verschiedenfarbige Streifen Heißpräge-folie/Veredelungsfolie
- Entgitterwerkzeug, Maßband, Lineal, und Cutter

Heissprägefolien, auch Veredelungsfolien genannt, sind hauchdünne metallisch glänzende Folien, die nicht von alleine kleben. Sie brauchen einen „Klebstoff", auf dem sie haften. Das sind z. B.
- dunkle Flexfolie, am besten in Schwarz
- Lasertoner für Papierprojekte
- nicht permanenter Sprühkleber

Für die links abgebildete Tasche und alle anderen Textilien wird die Variante mit der Flexfolie angewendet.
Auf diese Weise hält die Veredelungsfolie dauerhaft, kann ohne Weiteres auch in der Waschmaschine gewaschen werden und der attraktive Metalliceffekt bleibt erhalten.

Du kannst verschiedene Antikeffekte erreichen, indem du die Folie vor dem Aufbügeln zusammenknüllst oder diese mehrfach verwendest.
Es macht Spaß damit zu experimentieren.
Du solltest die farbenfrohen Folien unbedingt einmal ausprobieren.

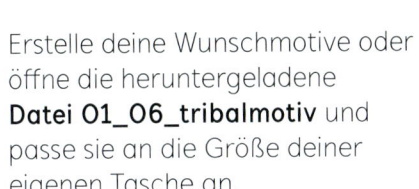

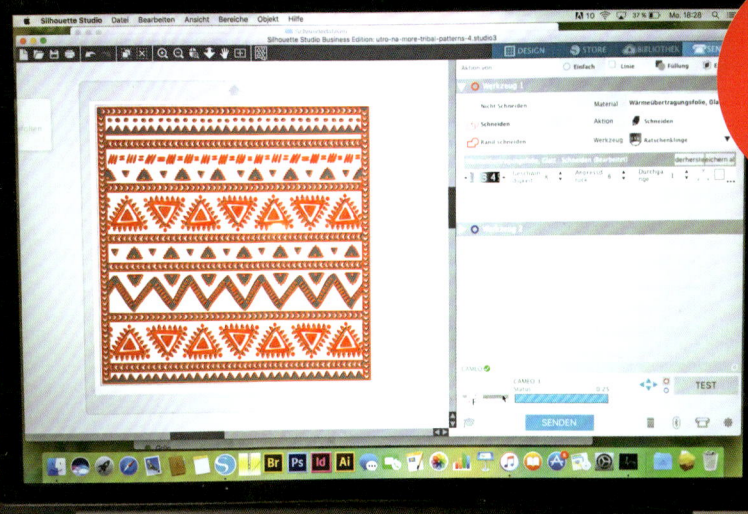

Erstelle deine Wunschmotive oder öffne die heruntergeladene **Datei 01_06_tribalmotiv** und passe sie an die Größe deiner eigenen Tasche an.

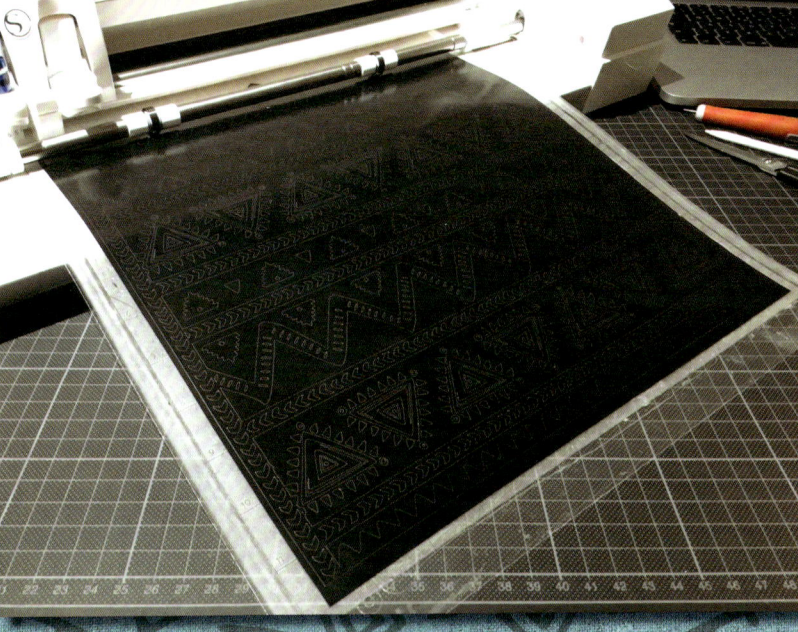

Lege zuerst die schwarze Flexfolie auf die Schneidematte und schneide das Motiv mit dem Plotter. Bevor du die Matte ausfährst, prüfe an einer Stelle, ob die Folienschicht komplett durchgeschnitten ist.

Falls nicht, schneide die Bügelfolie ein zweites Mal.
Dann entgittere das Motiv. Zugegeben, das ist eine Fleißarbeit. Die kleinsten Teile entfernst du am besten mit einer Pinzette.

Die entgitterte Bügelfolie legst du auf deine Tasche auf. Nimm das Maßband zu Hilfe, damit das Motiv exakt mittig platziert ist.

Bügle oder presse die Flexfolie mit dem Bügeleisen oder der Transferpresse wie gewohnt auf. Dann ziehe die Transferfolie ab.

Nun schneidest du aus der dünnen Veredelungsfolie von Hand Streifen mit dem Lineal und dem Cutter zurecht. Breite und Länge der Streifen richten sich nach dem Motiv und deinen eigenen Farbvorlieben.

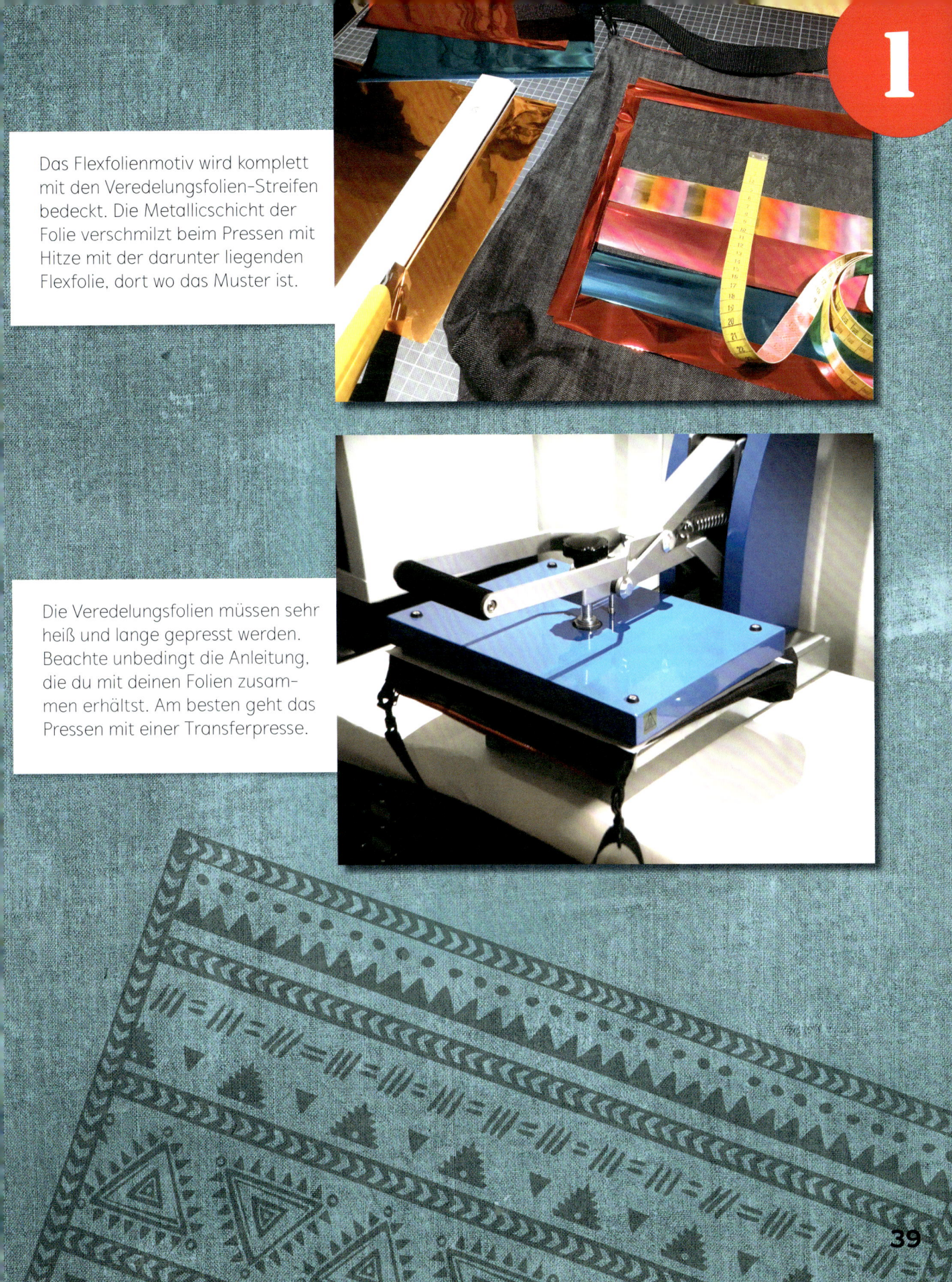

Das Flexfolienmotiv wird komplett mit den Veredelungsfolien-Streifen bedeckt. Die Metallicschicht der Folie verschmilzt beim Pressen mit Hitze mit der darunter liegenden Flexfolie, dort wo das Muster ist.

Die Veredelungsfolien müssen sehr heiß und lange gepresst werden. Beachte unbedingt die Anleitung, die du mit deinen Folien zusammen erhältst. Am besten geht das Pressen mit einer Transferpresse.

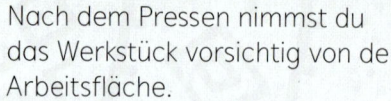

Nach dem Pressen nimmst du das Werkstück vorsichtig von der Arbeitsfläche.
Die Veredelungsfolien müssen unbedingt völlig erkaltet sein, bevor du sie abziehst!

Nachdem die Folien vollständig abgekühlt sind, kannst du die Streifen abziehen.
Die auf der Folie verbliebene Metallicschicht kannst du für ein anderes Projekt weiterverwenden.

Und jetzt die Tasche vollpacken, loslaufen und sich freuen!

Alle im Buch verwendeten Bügelfolien, Farben und Werkzeuge kannst du rund um die Uhr hier bestellen:

Tipp!

Gleich die Download-Dateien zum Buch mitnehmen!

www.frischgeschnitten.com

Stoffe schneiden

Um Stoffe und andere flexible Textilmaterialien mit dem Schneideplotter zu schneiden, müssen diese sehr fest auf der Schneidematte kleben.

Es gibt verschiedene Spezialprodukte der Plotter-Hersteller zum Stoffschneiden, die dabei helfen, dass sich der Stoff beim Schneiden nicht verschiebt und sauber geschnitten wird.

Für die neuesten Plottermodelle gibt es inzwischen auch Rollschneider und spezielle Stoffschneidematten.

Um Stoffe zu schneiden, solltest du immer ein Messer oder eine Klinge nehmen, die du ausschließlich für Stoff verwendest.
Dann kann dir der Plotter eine große Hilfe beim Zuschneiden kleiner und mittelgroßer Schnittteile sein.

Die Helfer beim Stoffschneiden

Ein Messer nur für Stoffe

Stifte zum Anzeichnen und Stifthalter für den Plotter

Große Schneidematten

Tipp!

Probiere die Klebefolie und die verschiedenen Aufbügelmaterialien aus, um herauszufinden, welche dir persönlich für deine Lieblingsmaterialien am besten gefallen.

Schneidehilfen, um den Stoff besonders fest auf die Schneidematte zu kleben

Die Klebefolie für Stoffschnitte wird auf die Schneidematte geklebt.

Darauf klebst du den Stoff und schneidest dann ohne zusätzliches Aufbügelmaterial.

Mit Aufbügelmaterial hält der Stoff sehr gut auf jeder normalen Schneidematte.

Das Schutzpapier wird nach dem Aufbügeln und vor dem Schneiden abgezogen.

Die Haftschicht des Aufbügelmaterials kann nach dem Schneiden noch einmal aufgebügelt werden, um die Applikation auf dem Stoff zu fixieren.

Patchworkdecke
aus selbst bedruckten Stoffen

Das brauchst du für eine Decke in der Größe von 125 cm x 125 cm:

- ca. 150 cm x 150 cm bunt bedruckte Stoffe (Anleitungen zum Selbstbedrucken ab S. 73)
- 55 cm x 55 cm einfarbigen Stoff für die Mitte
- 50 cm x 150 cm Stoff für die Umrandung
- 130 cm x 130 cm weiches Wattevlies
- 130 cm x 130 cm Stoff für die Unterseite
- Klebefolie für Stoffschnitte oder ausreichend Aufbügelverstärkung zum Stoffschneiden

Datei als Download!

Tipp!

Bei den Brother-Geräten stellst du die Nahtzugabe an der Maschine ein. Bei anderen Geräten fügst du sie mit einem Offset hinzu.

Ein Traum für alle die gern Patchworken.

80 Dreiecke, die exakt zugeschnitten sind.

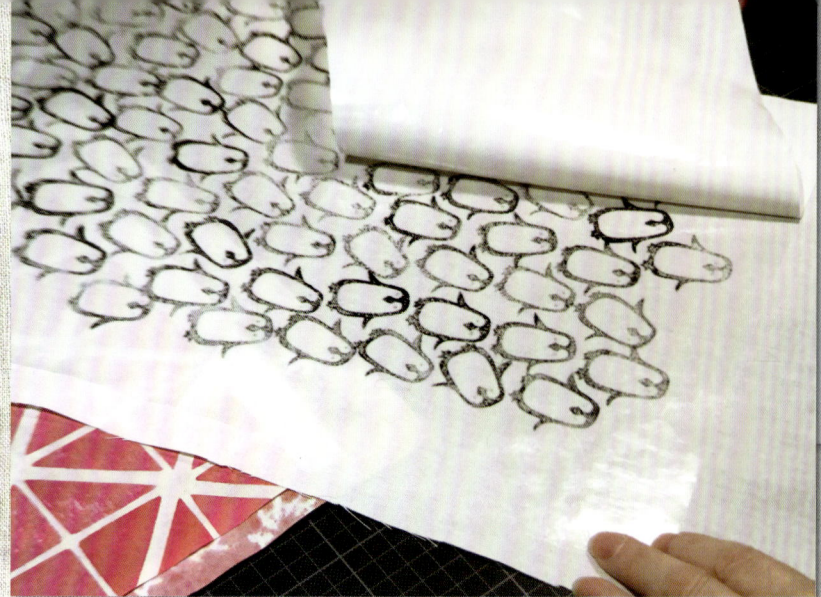

Entscheide dich, wie du den Stoff schneiden möchtest und bereite deine Stoffe entsprechend vor:

· mit der Klebefolie auf der Schneidematte, ohne Aufbügeln
· durch Aufbügeln von Spezialverstärkung zum Stoffschneiden

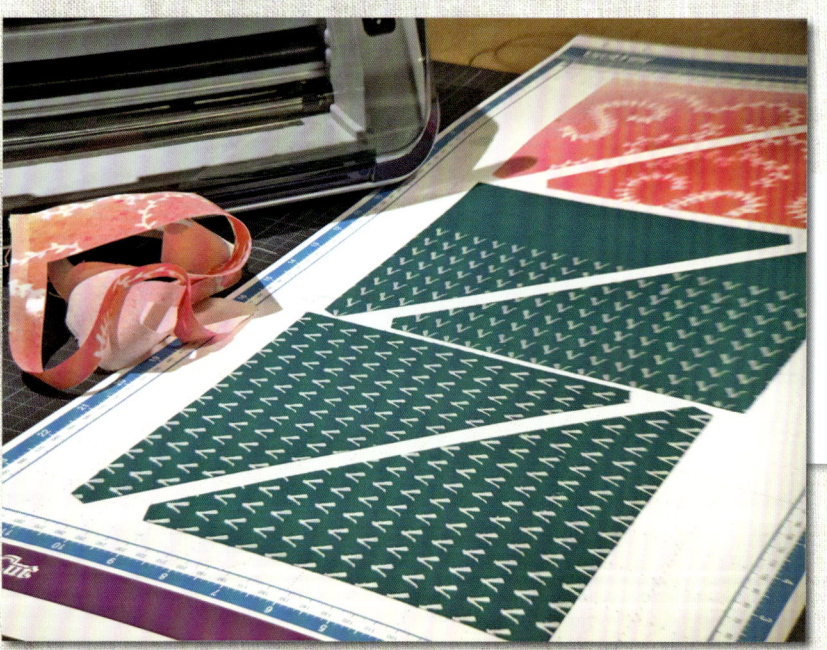

Erstelle deine eigenen Patchworkformen in der Software oder am Plotter oder öffne die **Datei 01_07_patchworkdreieck** und schneide die 80 Dreiecke inklusive der Nahtzugabe mit dem Plotter.

Sortiere die zugeschnittenen Patchworkteile nach Farben. Dann lege sie aus und entscheide, wie du sie zusammennähen möchtest. Stecke sie mit Stecknadeln provisorisch zusammen.

Nähe die einzelnen Teile zusammen. Schneide das Teil für die Mitte der Decke passend zu und nähe es ein. Bügle die ganze Decke. Dann schneide für die Umrandung 4 Streifen von 140 cm x 10 cm zu.

Lege den Stoff für die Unterseite auf den Fußboden, dann das Wattevlies und das Patchwork oben darauf. Lasse den Stoff der Unterseite und das Vlies an jeder Seite 3 cm größer als das Patchwork und schneide den Rest ab.

Nähe die Umrandung von rechts auf die Decke und schlage sie nach außen um. Nähe die Ecken als Briefecken. Schlage die Umrandung unten ein, stecke sie an der Unterseite mit Nadeln fest und steppe sie von rechts durch.

Das Labyrinth auf dem Kissen

Hierfür brauchst du eine Nähmaschine

Das brauchst du für ein Kissen:

- Stoff für eine Kissenhülle 42 cm x 84 cm
- 1 Reißverschluss 40 cm lang
- 1 Kissenfüllung 40 cm x 40 cm
- ein Stück schwarzen Stoff ca. 32 cm x 32 cm
- ein Stück Stoff in einer Kontrastfarbe ca. 32 cm x 32 cm
- die Klebefolie für Stoffschnitte von Brother oder eine ganz neue Schneidematte
- Lineal, Anzeichenstift, Schere

Tipp!

Du hast es leichter, die Applikation aufzunähen, wenn du die Kissenhülle selbst nähst. Dann musst du nicht darauf achten, aus Versehen die Rückseite der Hülle mit einzunähen.

Da die Stoffe für dieses Projekt ohne Verstärkung geschnitten werden sollen, brauchst du dafür eine sehr stark klebende Schneidematte. Du kannst die Klebekraft verstärken, indem du die Klebefolie für Stoffschnitte von Brother verwendest, die extra dafür entwickelt wurde. Sie kann auf alle sauberen, noch gut klebenden Matten aufgebracht werden.

Die Klebefolie muss sehr gut festgerieben werden. Der Klebstoff der Folie darf nicht mit den Fingern angefasst werden.
Die Klebefolie kann so lange auf der Matte verbleiben und immer wieder verwendet werden, bis sie nicht mehr brauchbar ist.

Schneide mit der Schere von Hand zwei verschiedenfarbige Stücke Stoff in der Schneidemattengröße 30,5 cm x 30,5 cm zu.
Lege den schwarzen Stoff auf die Schneidematte und reibe ihn gut fest.

Öffne die **Datei 02_08_labyrinth1** in deiner Software oder an der Maschine, verwende ein Messer, das du nur zum Stoffschneiden nimmst und schneide die schwarzen Teile.

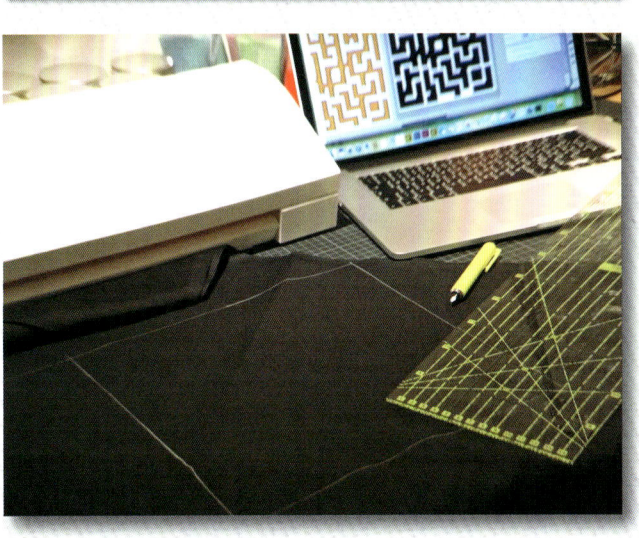

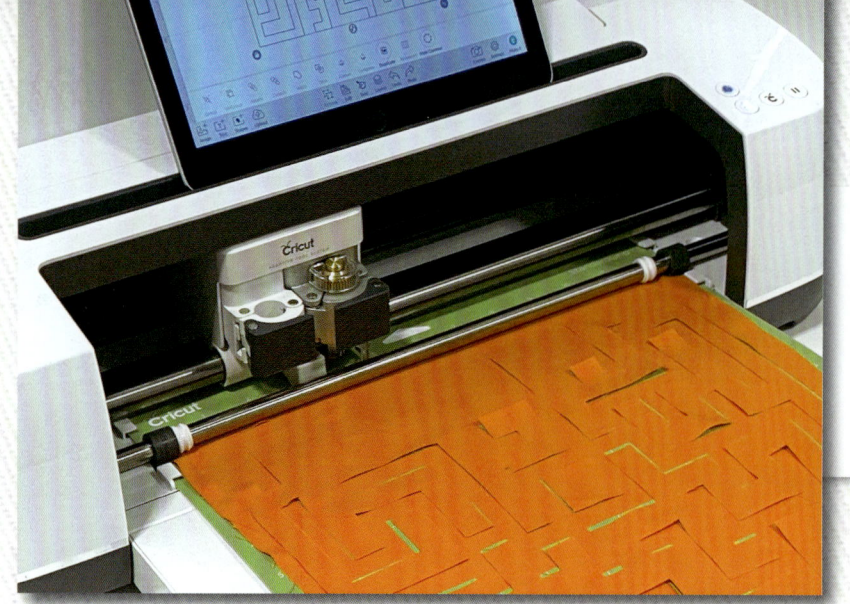

Löse die schwarzen Teile vorsichtig von der Schneidematte. Dann öffne die **Datei 02_08_labyrinth2**, lege den andersfarbigen Stoff auf die Schneidematte und schneide die kleineren Labyrinthteile.

Nimm dir einen Ausdruck des Musters zu Hilfe oder benutze den Computerbildschirm, um alle geschnittenen Teile zu sortieren und so zurechtzulegen, wie sie später aufgenäht werden.

Markiere auf dem Kissenstoff, an welcher Stelle du das Labyrinthmuster aufnähen möchtest. Platziere zuerst die schwarzen Teile auf. Dann lege die farbigen Teile darüber und stecke sie mit Nadeln fest.

Nähe die Stoffstreifen mit einem großen Stich immer mittig auf dem Kissenstoff fest. Verriegle die Nähte am Anfang und am Ende, indem du immer 2-3 Stiche zurück- und wieder vorwärts nähst.

Wenn Stofffusseln die Schneidematte mit der Klebefolie für Stoffschnitte verschmutzen, kannst du diese mit einem feuchten, alkohol- und ölfreien Babytuch durch leichtes Reiben gut entfernen.

Buchhüllen mit bunten Filzapplikationen

Das brauchst du für eine Buchhülle:

- weichen Filz ca. 6 cm - 12 cm größer als dein aufgeklapptes Buch
- transparente Flexfolie in der gleichen Größe
- optional doppelseitige Klebefolie
- bunte Reste von steifem Polyesterfilz
- eine sehr gut klebende Schneidematte
- je nach Dicke des Filzes ein Tiefschnittmesser
- Lineal und Cutter
- dickes Handnähgarn, Stopfnadel

Tipp!

Vor dem Entladen der Schneidematte immer zuerst prüfen, ob das Schneidgut richtig durchgeschnitten ist. Falls nicht, kannst du einfach noch einmal schneiden.

Bei diesem Projekt kannst du entweder einen festen Einband schneiden, der mit doppelseitiger Klebefolie dauerhaft auf das Buch aufgeklebt wird.

Alternativ dazu kannst du einen austauschbaren Einband ohne doppelseitige Klebefolie schneiden. Die Klappen vorne und hinten werden dann mit der Nähmaschine festgenäht.

Zuerst schneidest du die Kringel.
Lege die Filzreste auf der Schneidematte aus und reibe sie gut fest.

Öffne die **Datei 02_09_filzkringel** in deiner Software oder rufe sie an deiner Maschine auf.

Verschiebe die einzelnen Kringel auf dem Bildschirm so, dass die Kringel zum Schneiden an der richtigen Stelle liegen.

Dann schneide die Filzkringel in ein oder zwei Durchgängen aus.

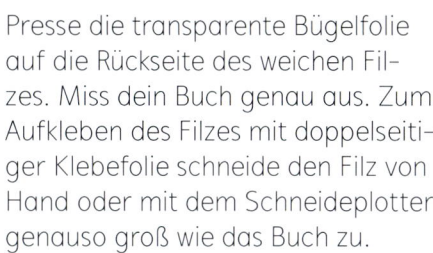

Presse die transparente Bügelfolie auf die Rückseite des weichen Filzes. Miss dein Buch genau aus. Zum Aufkleben des Filzes mit doppelseitiger Klebefolie schneide den Filz von Hand oder mit dem Schneideplotter genauso groß wie das Buch zu.

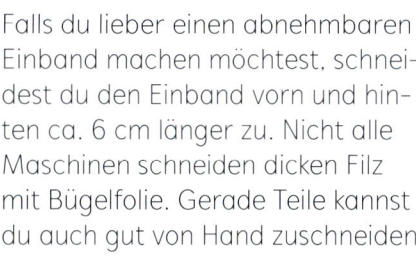

Falls du lieber einen abnehmbaren Einband machen möchtest, schneidest du den Einband vorn und hinten ca. 6 cm länger zu. Nicht alle Maschinen schneiden dicken Filz mit Bügelfolie. Gerade Teile kannst du auch gut von Hand zuschneiden.

Überprüfe die Größe des Einbands. Je genauer er auf das Buch passt und je gerader die Kanten geschnitten sind, desto schöner wird das Endergebnis aussehen.

Ordne die Filzkringel nach Belieben unregelmäßig oder in Reihen auf dem Einband an.
Dann nähe sie mit großen Stichen auf dem Einband fest. Spiele dabei mit den Garnfarben und verschiedenen Stichvarianten.

Für den flexiblen Einband nähst du mit der Nähmaschine die Umschläge vorne und hinten schmalkantig fest und steppst gleichzeitig oben und unten einmal um den ganzen Einband herum.

Für den festen Einband klebst du das bestickte Filzteil komplett auf die doppelseitige Klebefolie. Dann schneidest du dieses mit der Schere oder dem Cutter genau an den Kanten ab.

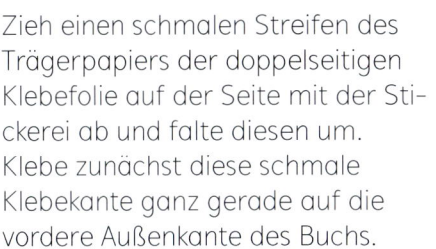

Zieh einen schmalen Streifen des Trägerpapiers der doppelseitigen Klebefolie auf der Seite mit der Stickerei ab und falte diesen um. Klebe zunächst diese schmale Klebekante ganz gerade auf die vordere Außenkante des Buchs.

Achte darauf, dass du ganz gerade anfängst, damit der Einband im weiteren Verlauf nicht schief wird. Ziehe Stück für Stück das Trägepapier ab und reibe den Filzeinband um den Buchrücken herum auf dem Buch fest.

Diese Bucheinbände sehen nicht nur hübsch aus, sondern fühlen sich auch gut an.
Sie eignen sich prima zum Verschenken und für Tagebücher.
Tipp: gleich mehrere davon zu machen, spart Zeit.

2

Ein blumiger Jackenrücken

Das brauchst du für die Blumenapplikation:

- eine Jeansjacke
- 1 DIN A4 Bogen Overheadfolie
- einen löschbaren Stift zum Anzeichnen
- bunte Stoffreste
- Aufbügelmaterial zum Stoffschneiden mit dem Schneideplotter
- buntes Nähgarn/ Stickgarn

Datei als Download

Hierfür brauchst du eine Nähmaschine oder Stickmaschine

Bei diesem Projekt werden zwei ganz verschiedene Techniken eingesetzt.
Für die Blumenstängel schneidest du eine Schablone, die dir dabei hilft, die Linien anzuzeichnen, die du dann mit der Nähmaschine nachnähst.
Die Blüten werden mit dem Plotter aus Stoff geschnitten und dann mit der Näh- oder Stickmaschine appliziert. Bei den Dateien zum Herunterladen findest du ebenfalls die Stickdateien in verschiedenen Formaten.

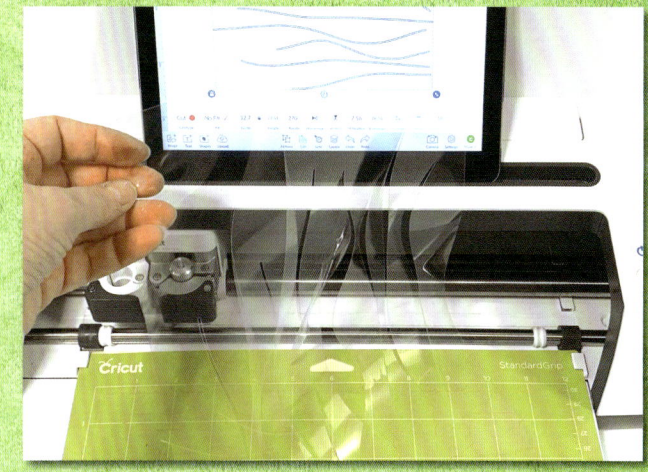

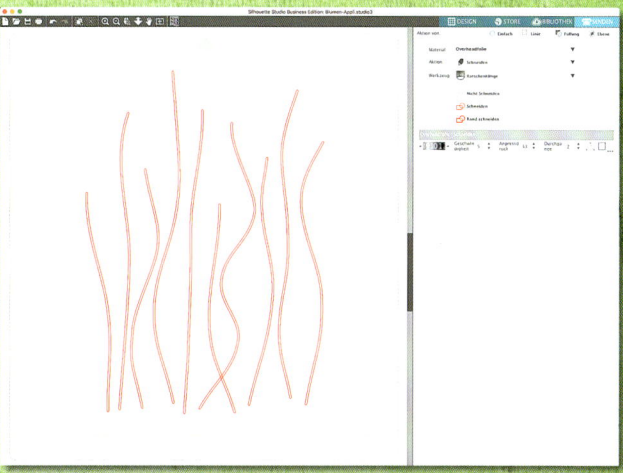

Öffne die **Datei 02_10_Blumen-staengel** und schneide daraus eine Schablone aus der Overheadfolie. Diese legst du auf den Jackenrücken und fixierst sie mit Klebeband. Dann zeichnest du mit dem löschbaren Textilmarker die Linien nach.

Die gezeichneten Linien müssen deutlich zu sehen sein.
Dann wähle verschiedene Garnfarben aus, um die Blumenstängel mit Zierstichen der Nähmaschine nachzunähen.

Fast jede Nähmaschine kann ein paar Zierstiche nähen. Du kannst sie mit diesem Projekt einmal ausprobieren.
Ansonsten kannst du die Stängel auch im Zickzackstich oder mehrfach im Geradstich nachnähen.

Bügle die Aufbügelverstärkung zum Schneiden mit dem Plotter auf die linke Stoffseite der Stoffe für die Blüten. Dann ziehe das Trägerpapier von der Verstärkung ab. Lege die Stoffe mit der rechten Seite oben auf die Schneidematte.

Die Stoffe müssen sehr fest und blasenfrei auf der Schneidematte kleben.
Zum Festreiben eignet sich auch eine Farbwalze sehr gut, falls du eine hast.

Platziere die Blütenformen am Bildschirm so, dass sie an der richtigen Stelle der Schneidematte geschnitten werden, da wo der Stoff liegt und starte den Plotter zum Ausschneiden.

Platziere die geschnittenen Blütenformen auf dem Rücken der Jeansjacke, oberhalb der genähten Blumenstängel. Stecke sie fest.

Wenn du eine Stickmaschine hast, spanne die Jeansjacke in den Stickrahmen ein und rufe die erste Stickdatei auf. Die Spirale und der Stern werden jeweils mittig auf dem Stoff platziert. Für die Margerite und die Knospe gibt es Applikationsdateien.

Falls du keine Stickmaschine hast, nähst du die Applikationen mit der Nähmaschine auf. Vielleicht kannst du den Transport versenken und „nähmalen", also das Werkstück während des Nähens von Hand Hin und Her bewegen.

Handy- und Tablethülle aus veganem Leder

Das brauchst du:

- ein Stück veganes Leder nach Bedarf
- ein Stück 2-3 mm dicken Filz
- Bändchengarn zum Zusammennähen
- eine sehr gut klebende Schneidematte
- ein gutes normales Messer
- ein Messer für Tiefschnitte für den Filz
- Schere und eine dicke Stopfnadel

Tipp!

Zum Schneiden von veganem Leder oder SnapPap brauchst du eine ganz besonders gut kleben-de Schneidematte oder die Klebefolie für Stoffschnitte.

Um eine Hülle für dein eigenes Handy oder Tablet zu machen, lege diese zuerst auf einen Bogen Papier und zeichne darum herum.

Für jede Hülle brauchst du jeweils zwei gleiche Teile aus Filz für das Innenfutter, ein Teil ohne Muster aus verganem Leder für die Rücksei-te und ein Teil aus verganem Leder mit dem Lochmuster für die Vorderseite.

Die kleinen Löcher am Rand zum Zusammen-nähen kannst du sehr leicht mit der Strass-steinfunktion erstellen. Dazu brauchst du die Designer Edition von Silhouette Studio® oder das Strass StarterKit von Brother.

Bei den Dateien zum Herunterladen für dieses Projekt sind die Löcher bereits enthalten, aber du musst die Hüllen dann in der Größe an deine eigenen Geräte anpassen.
Die Vorgehensweise ist für die verschiedenen Geräte sehr unterschiedlich. Deshalb folge auf der nächsten Seite den Anleitungen getrennt für Geräte von Silhouette America® und die ScanNCut von Brother.

1x v.Leder
1x v.Leder
1x v.Leder
1x v.Leder
2x Filz
2x Filz

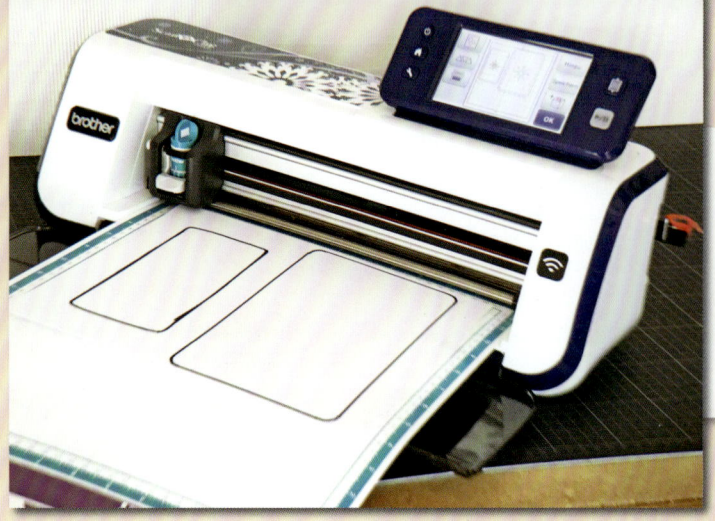

Rufe die **Datei O2_11_technikhuellen** an deiner ScanNCut auf. Tippe auf die Schaltfläche links oben, um in das Bearbeitenfenster zu kommen. Lösche alle Teile, die du nicht brauchst. Dann gruppiere alle Teile, die du schneiden möchtest. Gehe auf OK. Lege die Matte mit deiner Zeichnung ins Gerät ein.

mit der Brother ScanNCut

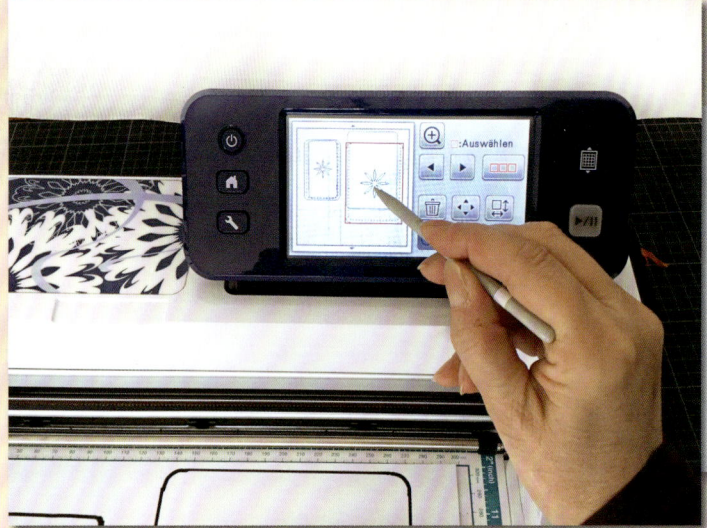

Tippe links unten auf die Schaltfläche, um einen Hintergrundscan zu machen. Dann überprüfe die Größe des Scans und passe die Größe der Dateivorlage an. Beachte dabei, dass die Löcher mittig auf der gescannten Linie liegen müssen, damit das Gerät später in die Hülle hineinpasst. Dann schneide jeweils ein Teil mit dem Lochmotiv in der Mitte und eines ohne.

Tipp!

Um schweres Material gut und gleichmäßig auf die Schneidematte zu pressen, kannst du auch eine Farbwalze benutzen.

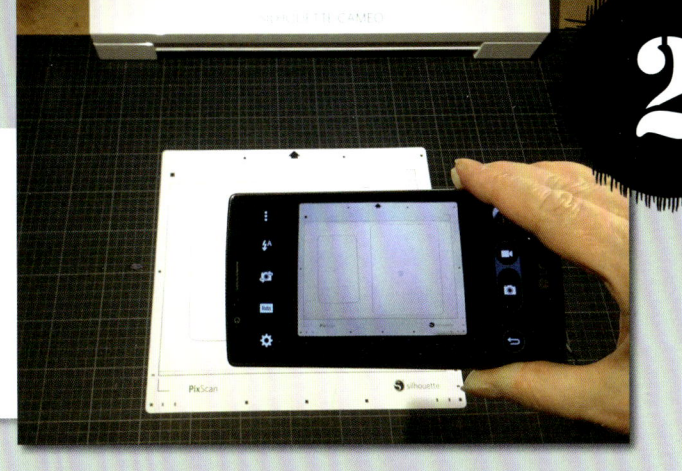

Um deine Zeichnung in der Originalgröße in Silhouette Studio® hineinzuladen, brauchst du eine PixScan™-Matte. Lege die Zeichnung auf die Matte und mache ein kontrastreiches Foto von der Matte mit der Zeichnung darauf. Übertrage das Foto an deinen Computer, auf dem du mit Silhouette Studio® arbeitest.

mit Geräten von Silhouette

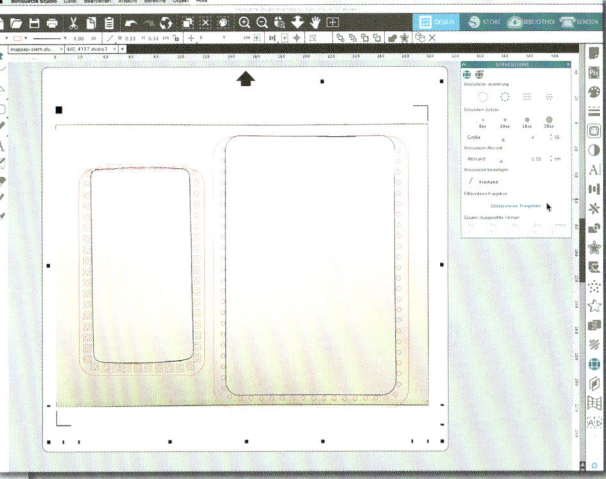

Öffne das Foto mit der PixScan®-Funktion (das kleine PIX-Symbol in der rechten Leiste). Dann kannst du entweder dein eigenes Design erstellen oder über Datei -> Hinzufügen die **Datei 02_11_technikhuellen** öffnen und die Größe an deine eigenen Geräte anpassen. Die Löcher müssen mittig auf der gezeichneten Linie liegen.

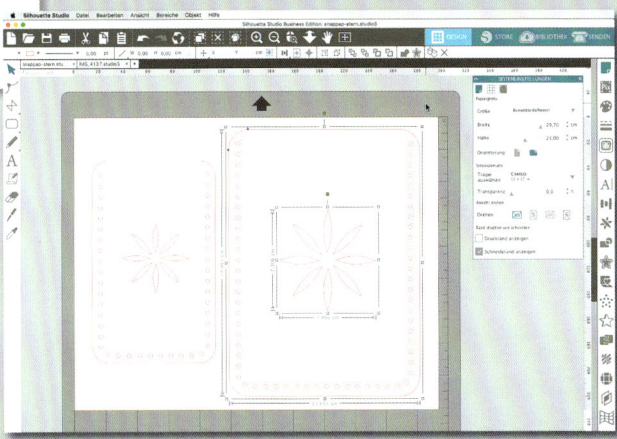

Dann schneide zuerst das Teil mit dem Lochmuster in der Mitte. Nach dem Schneiden prüfe unbedingt zuerst, ob das Material richtig durchgeschnitten ist. Falls nicht, starte einen zweiten Schneidedurchgang.
Dann gehe ins Programm zurück, lösche das Lochmuster und schneide ein 2. Teil ohne Muster.

Nach dem Schneiden prüfe unbedingt zuerst, ob das Material gut durchgeschnitten ist, bevor du die Schneidematte ausfährst, denn die vielen kleinen Löcher kannst du von Hand nur schwer nachschneiden.

Die Teile aus Filz werden ohne Löcher zugeschnitten. Je nachdem wie dick dein Filz ist, kannst du versuchen, diesen ebenfalls mit dem Plotter zu schneiden. Du kannst den Filz zumindest anritzen, am besten mit dem Tiefschnittmesser.

Dann kannst du die Filzteile der Schneidelinie entlang mit der Schere vollends durchschneiden. Auf diese Weise werden die Teile auf jeden Fall genau gleich groß und haben eine saubere Kante.

Lege alle vier zusammengehörenden Schnittteile aufeinander, den Filz in der Mitte. Halte die Teile mit Klammern zusammen.

Dann nähe alle Teile von Hand mit einer Stopfnadel durch die Löcher hindurch zusammen.

Nachdem du einmal alle drei Seiten zusammengenäht hast, steche an der Öffnung ein paarmal durch das gleiche Loch.

Dann nähe wieder zurück in die andere Richtung, sodass die Fäden sich überkreuzen und vernähe das Ende.

Deine Geräte sind in den weich gefütterten Hüllen gut geschützt und immer griffbereit.

Stoffe bedrucken

Mit dem Plotter kannst du sehr leicht deine eigenen Formen zum Drucken herstellen und damit deine eigenen Stoffe, aber auch fertige Textilien bedrucken.

Auch wenn du noch nie Stoff bedruckt oder bemalt hast, solltest du diesen entspannenden und kreativen Freizeitspaß unbedingt einmal ausprobieren.

Im folgenden Kapitel werden die verschiedenen Drucktechniken beschrieben, z. B. wie man eigene Stempel aus Moosgummi und aus speziellem Stempelmaterial für Plotter schneidet und mit welchen Farben du auf Stoff stempeln kannst. Es wird gezeigt, aus welchen Materialien du deine eigenen Schablonen schneidest und wie du diese zum Stoffe bedrucken und zum Einfärben ganz unterschiedlich einsetzen kannst.

Es lassen sich sogar Siebe für den Siebdruck selbst herstellen. Du kannst damit flächige Motive und auch hauchfeine Linien drucken und schöne mehrfarbige Effekte erzeugen.

Druckformen
aus dem Plotter

Stempel

Mit dem Schneideplotter kannst du selbst Zubehör für viele kreative Techniken herstellen. Du kannst selbst festlegen, welches Material du verwendest, damit es für dein Projekt und deine Vorlieben perfekt passt.

Du kannst selbst entscheiden, ob du deine Stempel und Schablonen immer ordentlich saubermachen möchtest oder ob du deine Lieblingsschablonen einfach später noch einmal schneidest.

Masken

Schablonen

Siebdrucksiebe

Drucksiebe mit Bügelfolien

Siebdruckrahmen

Lieblingsfarben und Lieblingswerkzeuge

Siebdruckfarben

Acrylfarben

Silkscreen Medium

Entfärberpaste

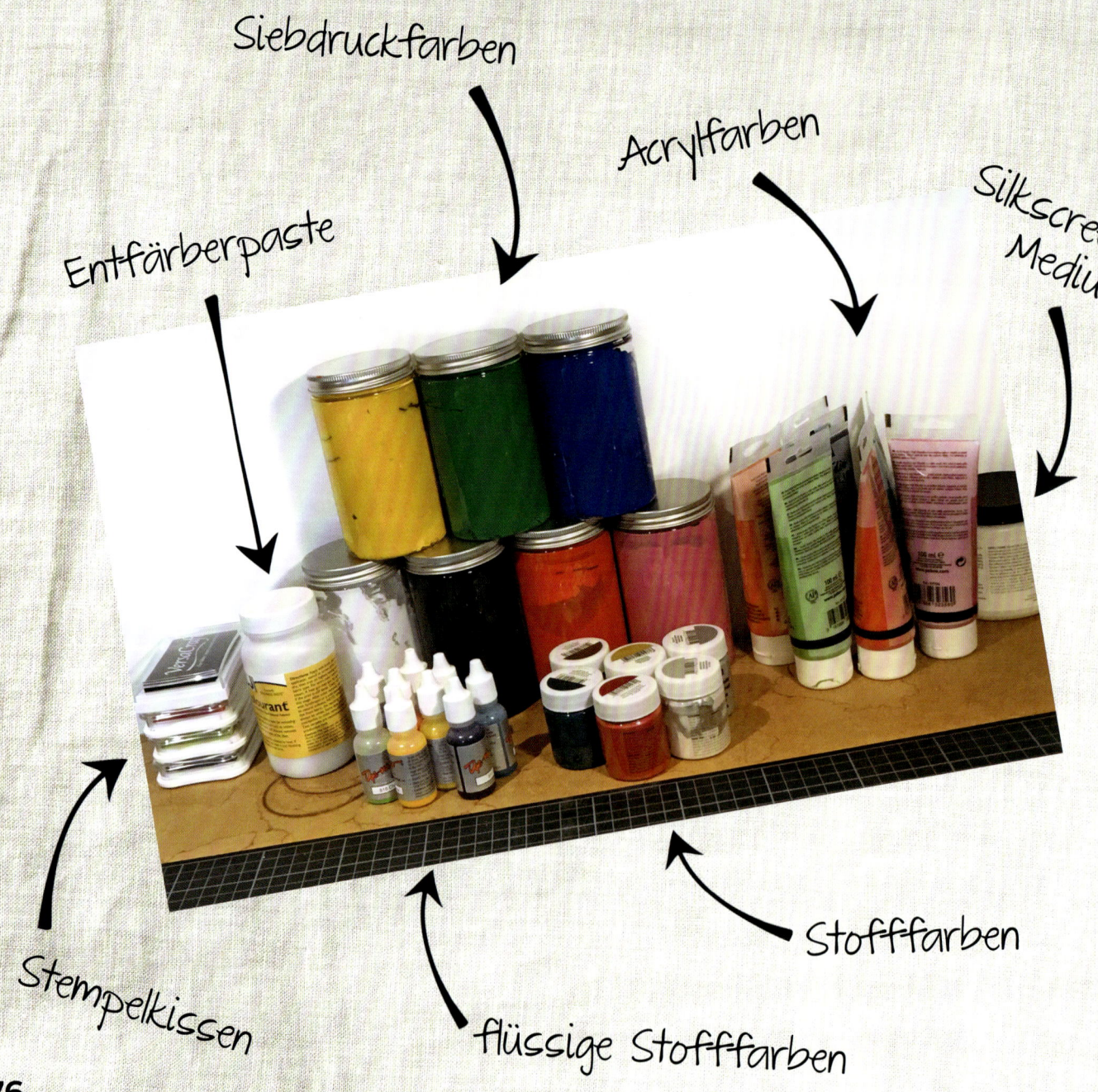

Stempelkissen

flüssige Stofffarben

Stofffarben

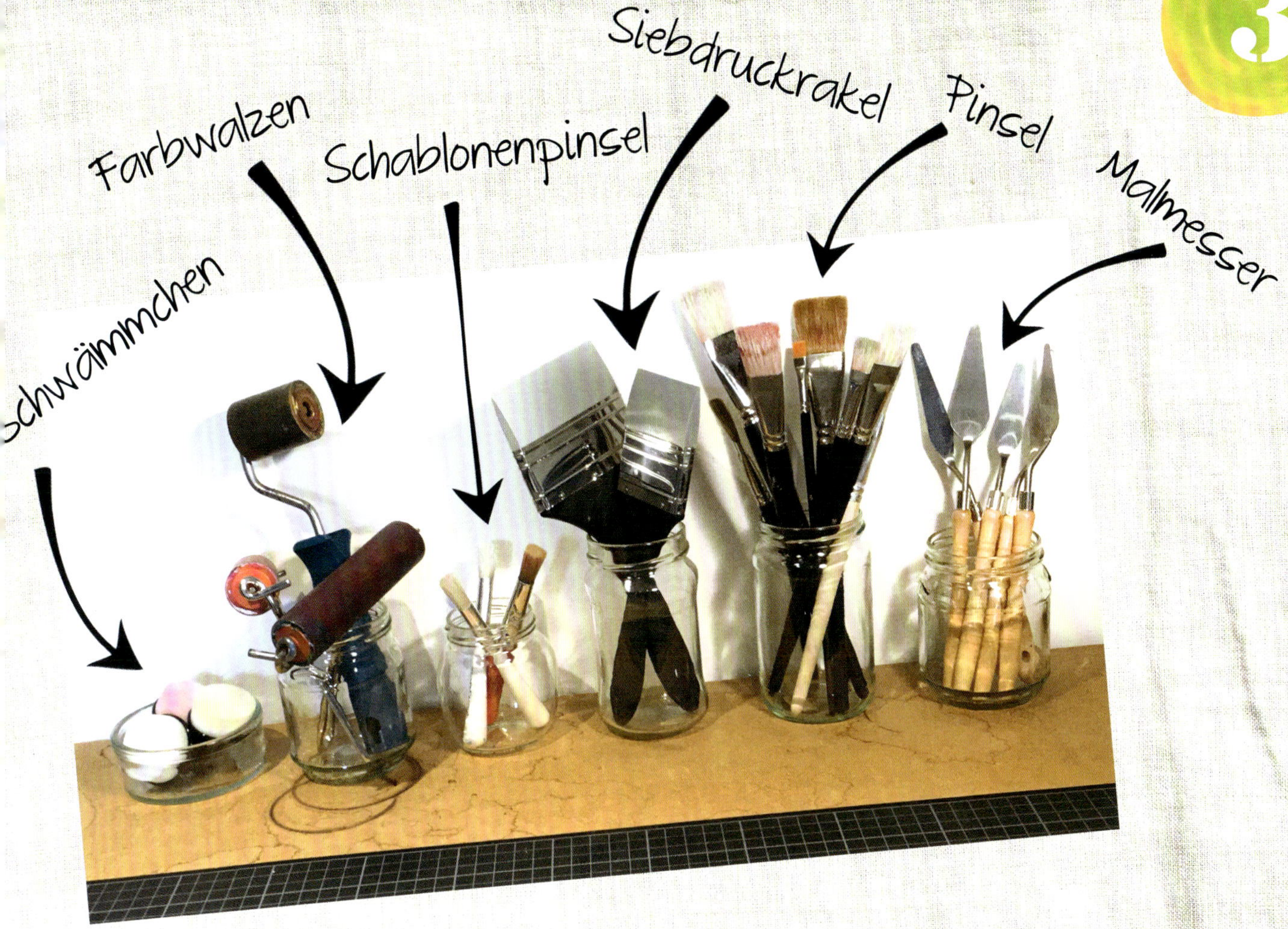

Farbwalzen

Schablonenpinsel

Siebdruckrakel

Pinsel

Malmesser

Schwämmchen

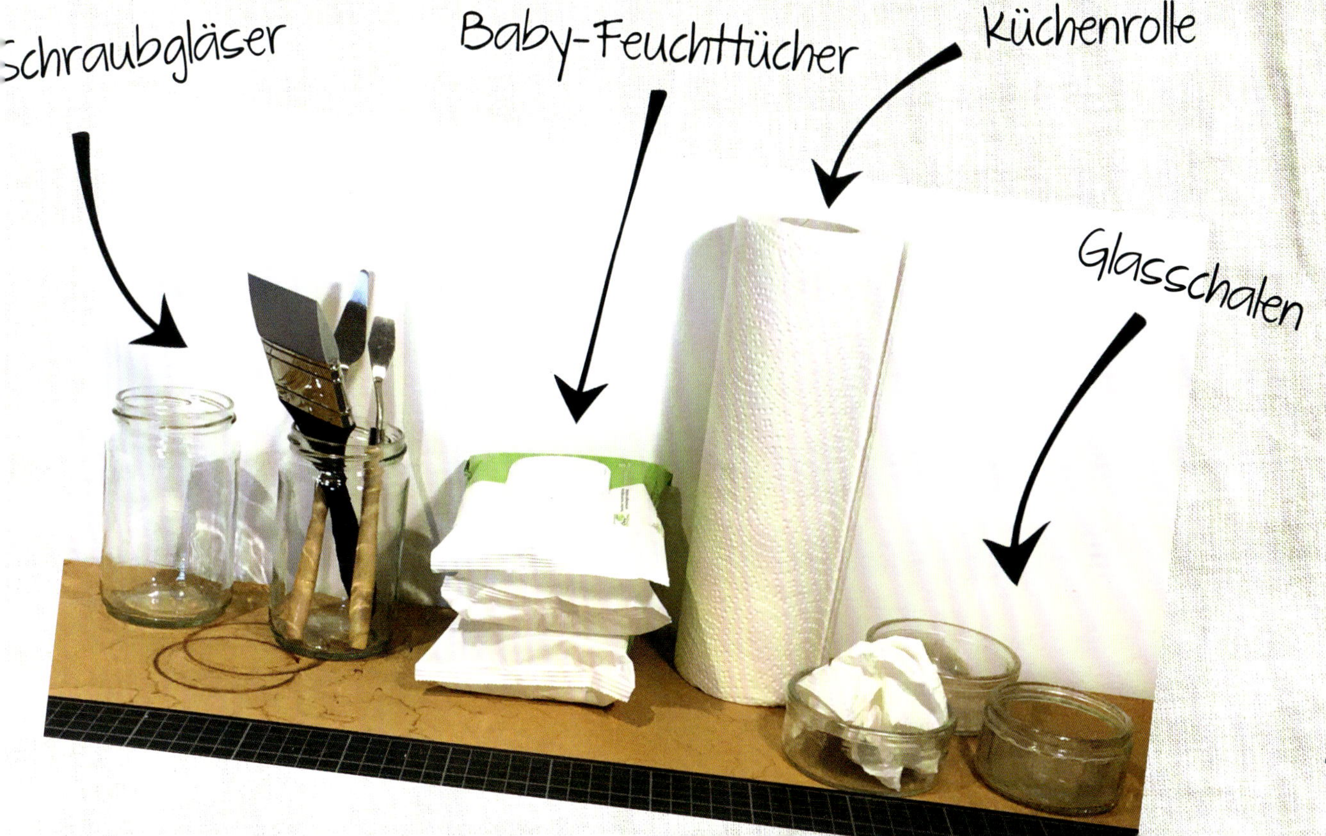

Schraubgläser

Baby-Feuchttücher

Küchenrolle

Glasschalen

Die Welt der Muster

Seit jeher haben die Menschen den Wunsch, ihre Kleidung und ihre Gebrauchsgegenstände über den puren Zweck hinaus zu verschönern. Genauso lange gibt es Muster, die einen Hinweis auf Epochen, Länder, Lebensweisen und Vorlieben geben.

Je nach Herkunft, Motiv und Gesamteindruck werden Muster in folgende Gruppen eingeteilt:

- ethnische Muster
- gegenständliche Muster
- Texturmuster
- geometrische Muster
- florale Muster
- Muster mit Textbotschaften

Ethnische Muster

Gegenständliche Muster

Texturmuster

Florale Muster

Geometrische Muster

Muster mit Textbotschaften

Eigene Muster entwerfen

Alle Muster folgen einigen wenigen Regeln. Wenn du diese kennst, kannst du ganz einfach deine eigenen Muster entwerfen und umsetzen.

Es fängt immer mit einer Form an. Ein Muster entsteht, indem diese Form wiederholt, abgewandelt und ergänzt wird.

Die Art und Weise, wie die gleichen Formen immer wieder nach rechts und nach unten versetzt werden, nennt man Versatz.

Die Musterbildung wird beeinflusst durch:
· die Richtung des Versatzes
· den Abstand der Formen
· die Größe der Formen
· gespiegelte oder gedrehte Wiederholung
· das Kombinieren von verschiedenen Formen

Ein Elefant

Viele Elefanten im geraden Versatz

Motive im Halbversatz, das heißt jeweils mittig versetzt

Motive in gleichen Abständen unregelmäßig gedreht

Tipp!

Suche ein paar beliebige Drucke (Papier oder Stoff), die du um dich herum findest und untersuche sie in Hinblick auf die Musterbildung.

Eine Kombination aus verschiedenen Motiven, Größen, Farben, und einige sind gespiegelt

Muster Stempeln

Eine kleine Übung vorab

Wenn du unerfahren im Stoffdruck bist, solltest du mit einem Stempel einmal verschiedene Möglichkeiten durchspielen, um während des Stempelns eigener Muster zu sehen, wie du mit kleinen Änderungen ganz verschiedene Ergebnisse bekommen kannst.

Nimm dir ein paar Bogen Papier, einen beliebigen Motivstempel und ein Stempelkissen. Fange links oben mit einem Stempelabdruck an.

Dann fülle, ohne viel nachzudenken, ein paar Seiten mit Stempelabdrücken.
Gehe dabei in verschiedene Richtungen, ändere die Abstände und drehe den Stempel.

Wenn du Stempelkissen in mehreren Farben hast, kombiniere verschiedene Farben und nimm andere Stempelmotive hinzu.

Erstelle wilde Kombinationen, ohne darüber nachzudenken, ob das Ergebnis gut aussieht. Du wirst staunen, was für schöne Muster zufällig entstehen können.

Falls du keinen Stempel zur Hand hast, öffne die Datei **03_12_stempelmotive** und schneide alle oder einige der Motive aus Moosgummi (siehe auch S. 87).

Klebe die Moosgummiform mit doppelseitigem Klebeband auf eine harte Oberfläche, z. B. ein Bauklötzchen oder auf einen alten Holzstempel, der nicht mehr benutzt wird und du kannst darauf los stempeln.

Muster Stempeln auf Stoff

Zum Stempeln auf Stoff brauchst du spezielle Stempelkissen mit Farbe, die auf Stoff dauerhaft hält.

Stempel lassen sich jedoch auch mit Stofffarben und mit Acrylfarben, denen du ein spezielles Medium beifügst, auf Stoff verwenden. Auf den folgenden Seiten werden diese Möglichkeiten näher beschrieben.

Stempelfarbe wird zart und pastellig, wenn sie einfach auf die Oberfläche gestempelt wird. Um satte Farbtöne zu erhalten, muss die Farbe eine bestimmte Konsistenz haben, damit sie tief in den Stoff einsinkt.

Eine einfache Möglichkeit, um die Stempel tiefer einzudrücken, sind zwei übereinandergelegte Moosgummiplatten, die eine weiche Unterlage zum Drucken bilden.

Um regelmäßige Muster zu stempeln, sind Linien und Raster nötig.

Du kannst diese von Hand mit dem Lineal, aber auch mit dem Plotter auf den Stoff aufzeichnen.

Zum Anzeichnen gibt es löschbare Textilmarker, die nach einiger Zeit von selbst verblassen oder die du gleich nach dem Drucken mit Wasser entfernen kannst.

Gel-Druckplatte als Stempelkissen für Stofffarbe

Oder eine Farbwalze für den Farbauftrag

Eine doppelte Lage Moosgummi als Unterlage

Raster und Hilfslinien anzeichnen

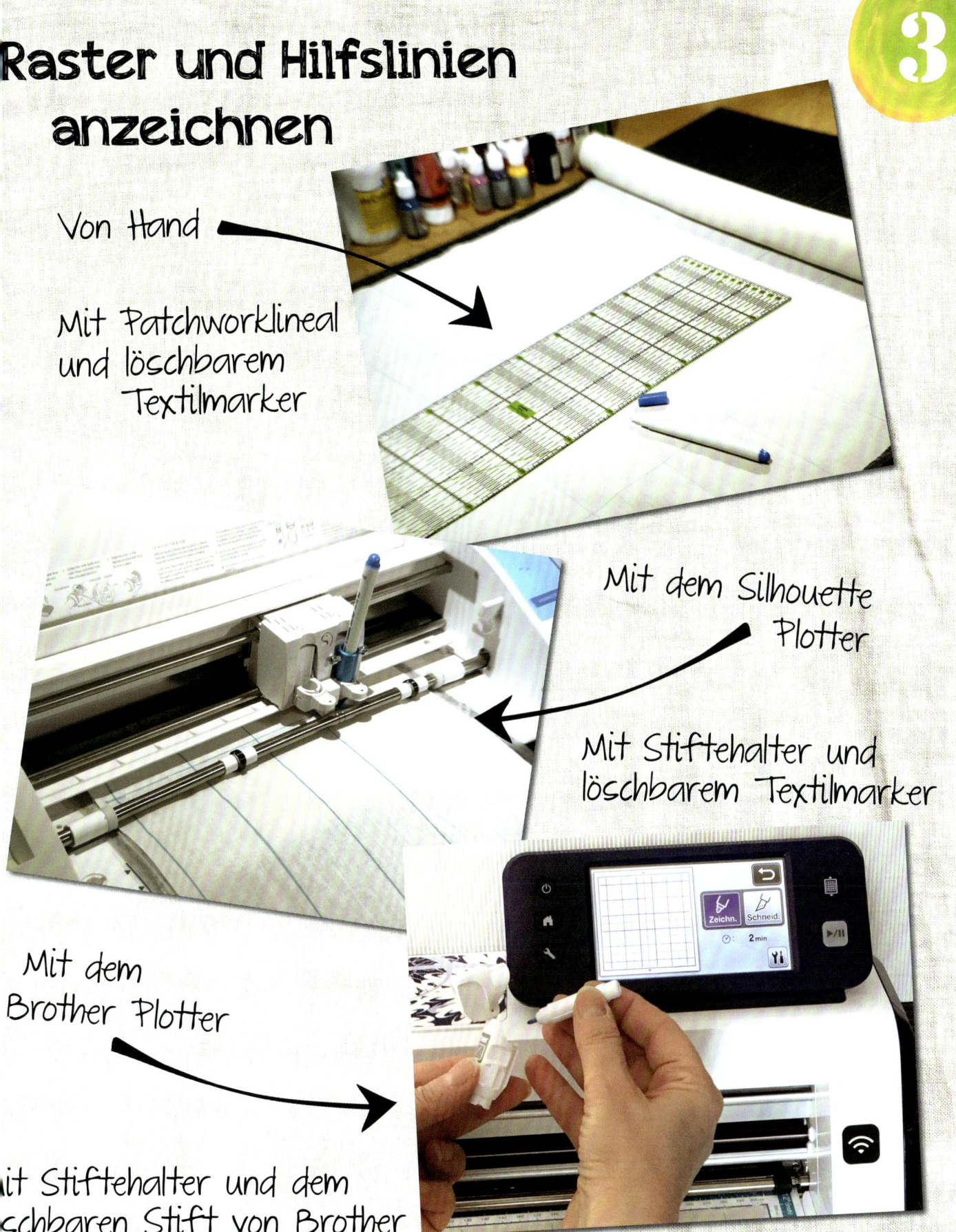

Von Hand

Mit Patchworklineal und löschbarem Textilmarker

Mit dem Silhouette Plotter

Mit Stiftehalter und löschbarem Textilmarker

Mit dem Brother Plotter

it Stiftehalter und dem schbaren Stift von Brother

Stempel für den Stoffdruck herstellen

Auf Holzblöcke geklebt

Aus Moosgummi

Aus Stempelmaterial für Plotter

Auf Acrylblöcke aufgebracht

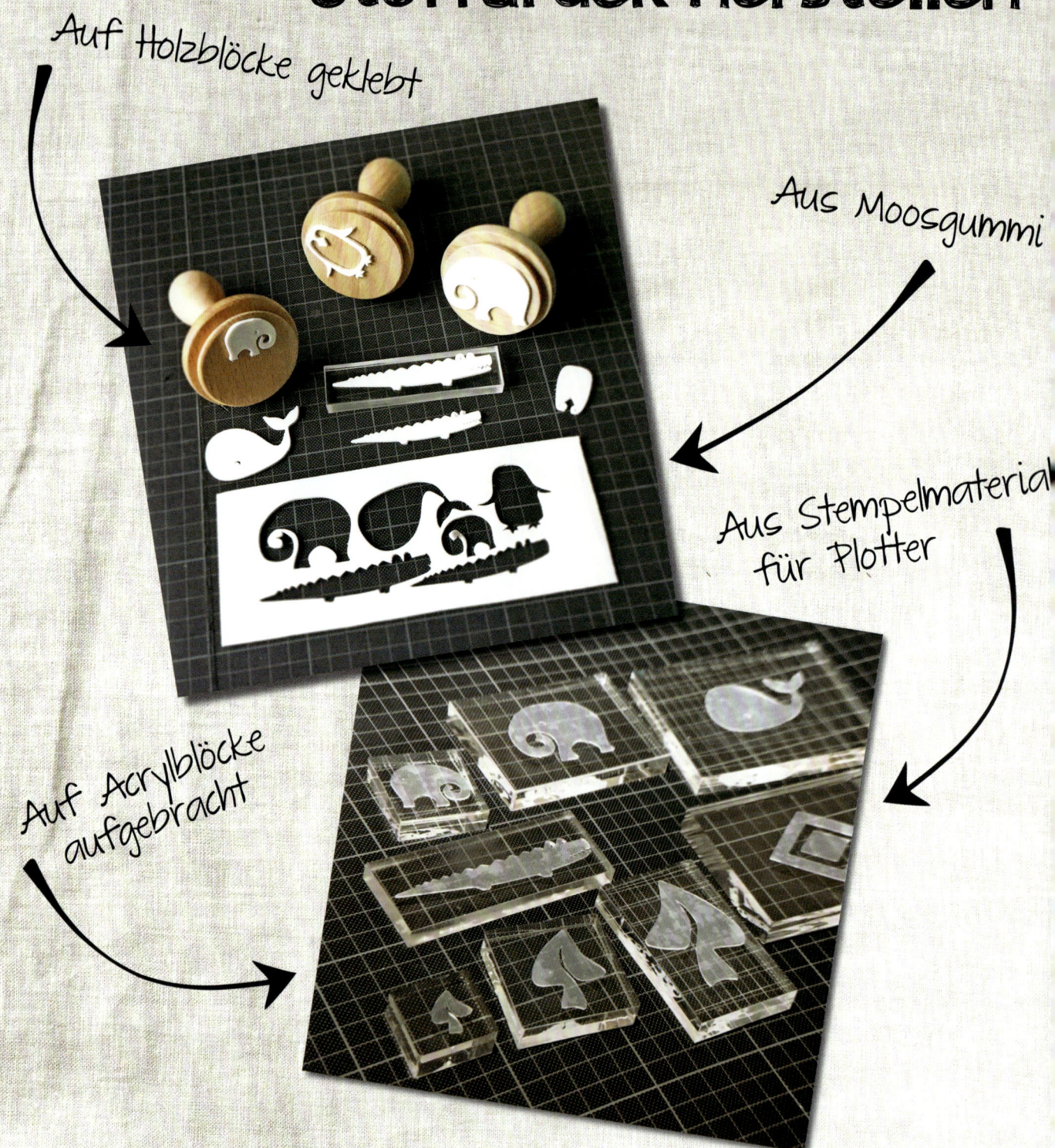

Moosgummistempel

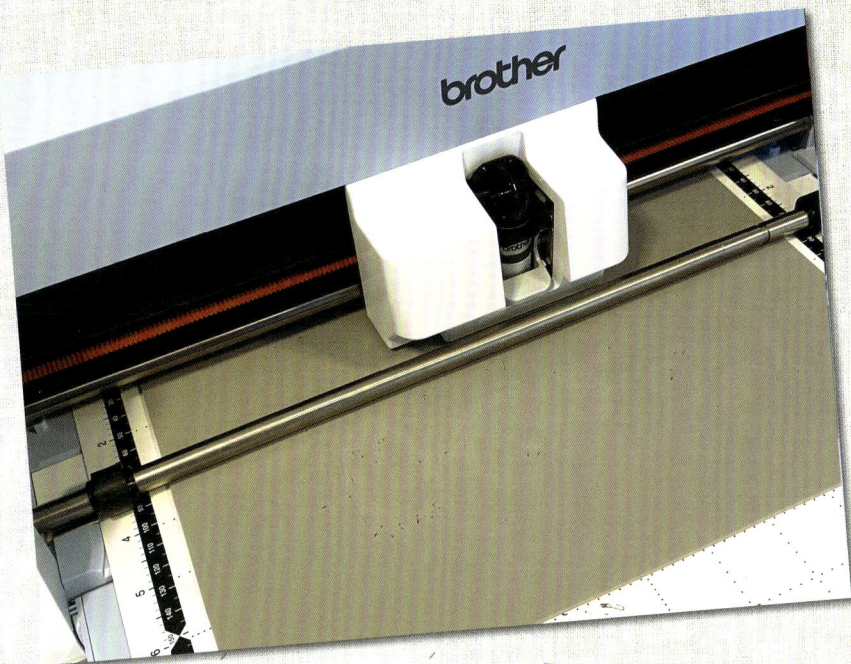

Tipp!

Moosgummi wird am besten mit wenig Druck in mehreren Durchgängen geschnitten. Neuere Geräte mit automatischer Einstellung tun das meist von selbst.

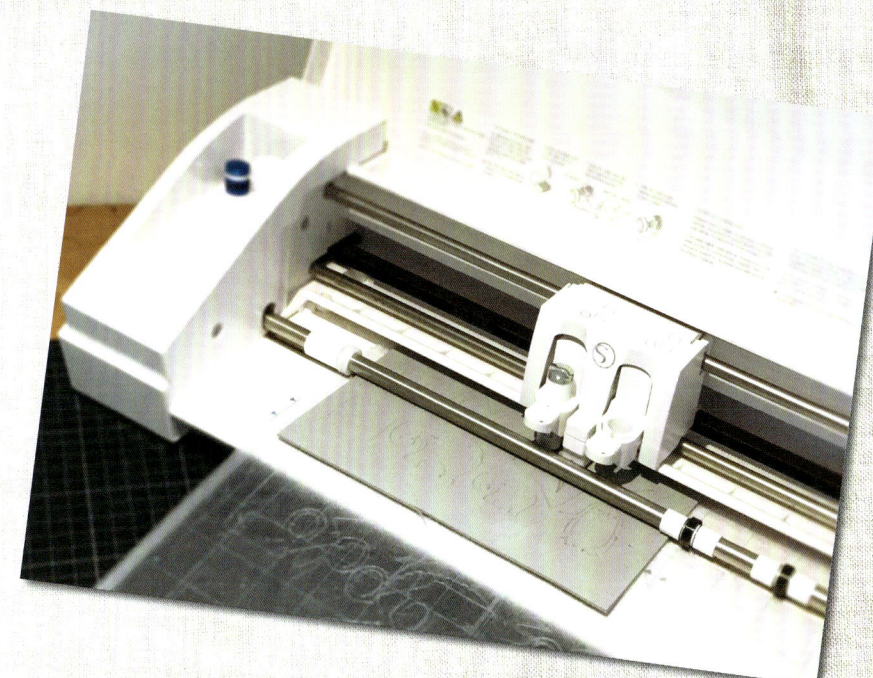

Tipps und Tricks zum Stempeln →

Wähle den Acrylblock oder den Holzgriff so klein wie möglich, damit beim Tränken mit Stempelfarbe der Acrylblock neben dem Motiv möglichst nicht mit Farbe beschmutzt wird.

Benutze eine flache Schale zum Bereithalten eines feuchten Tuchs. Du wirst während des Stempelns immer wieder den Stempelblock und deine Hände säubern müssen.

Bevor du stempelst, wische die überflüssige Farbe vom Stempelblock rund um das Motiv herum mit dem feuchten Tuch ab. So verhinderst du unschöne Schatten und Fehldrucke auf dem Stoff.

Wenn du bis an die Kante des
Stoffs stempeln möchtest, legst du
einfach einen Bogen Papier unter
die Stoffkante. So ist die Unterlage
vor dem Verschmutzen geschützt.

Du kannst auch mit Stofffarbe
stempeln, wenn du die Farbe
entweder direkt auf dem Stempel
oder auf einer geeigneten, weichen
Unterlage ausrollst, von der sich die
Farbe mit dem Stempel aufnehmen
lässt, z. B. einer Gel-Druckplatte.

Wenn du Hilfslinien mit löschbaren
Textilmarkern aufgezeichnet hast,
entfernst du diese vorsichtig mit
einem feuchten Tuch, jedoch erst
nachdem die Stempelfarbe gut
getrocknet ist.

Mit den Schneideplottern von Silhouette America® schneidest du das Stempelmaterial auf einer speziellen kleinen Stempelmatte, die eine besondere Beschaffenheit hat und leicht perforiert ist.

Mit den Voreinstellungen für Stempelmaterial lässt sich dieses sehr gut schneiden. Die Motive sollten allerdings nicht zu filigran sein, damit du sie gut auf den Acrylblock übertragen kannst.

Das Stempelmaterial hält gut, wenn du es aufeinander legst. Um eine höhere Stempelfläche zu erhalten, empfiehlt es sich daher, immer zwei gleiche Teile zu schneiden und diese übereinander zu kleben.

Stempel aus Stempelmaterial für Plotter

Es gibt für die Schneideplotter der beiden großen Marken spezielles Stempelmaterial und auch Startersets, die zusätzliches Zubehör enthalten, das nützlich, aber nicht unbedingt nötig ist, um Stempel zu schneiden.

Du brauchst allerdings das Stempelmaterial, ein leicht milchig aussehendes Silikonmaterial, das sich mit dem Plotter sehr gut schneiden lässt.

Die gewählten Motive sollten nicht zu filigran und auch nicht zu großflächig sein. Die Motive werden nach dem Schneiden auf einen Acrylblock über- tragen und haften genau wie „clear stamps" von selbst darauf.

Alle im Buch verwendeten Stempelmotive findest du als Dateien zum Herunterladen.

Tipp!

Das Stempelmaterial ist sehr dünn. Deshalb am besten 2 gleiche Motive übereinander auf den Acrylblock kleben.

Datei als Download

Auch für die Brother-Plotter gibt es Stempelmaterial. Dieses wird direkt auf der normalen Schneidematte geschnitten. Die Schutzschicht auf dem Stempelmaterial muss zum Schneiden darauf bleiben und kann hinterher abgezogen werden.

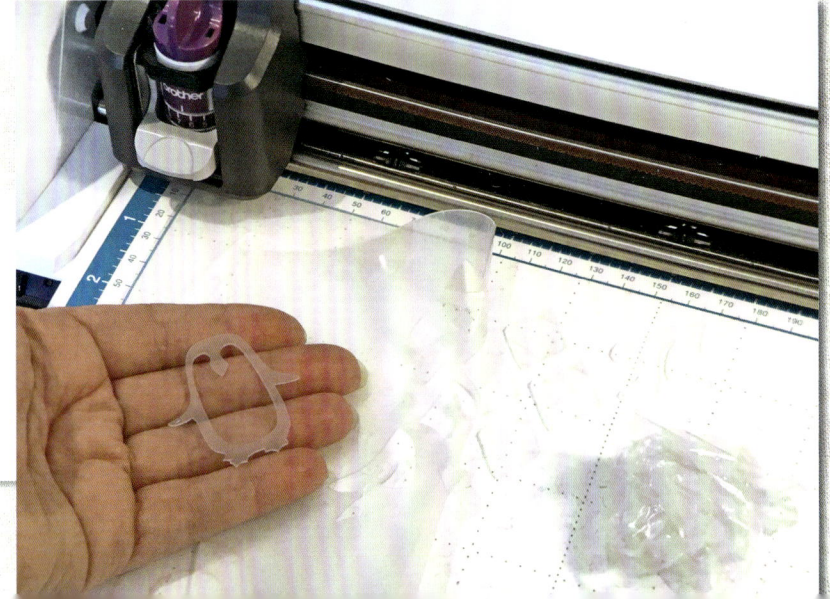

Im Land der Pinguine

Deine eigenen Stoffdrucke kannst du einzigartig machen, indem du die Motive einmal ganz anders anordnest als gewöhnlich.

Es muss nicht immer ein vollflächig gedrucktes Muster sein. Kleine Gruppen von Einzelmotiven und Bordüren können zu auffälligen Stücken verarbeitet werden.
Ein unerwartetes Detail oder ein kleiner Farbakzent bringen Spannung ins Bild.

Es muss auch nicht jeder Stoff vernäht werden. Du kannst solch ein Unikat einrahmen und als Bild an die Wand hängen oder verschenken.

Lasse dich treiben beim Drucken.
Erzähle deine eigene kleine Geschichte und vergiss nicht, eine Signatur unter das Motiv zu setzen, das deine Kreation zu Deiner macht.

Tipp!

Nutze die Möglichkeiten des Stoffdrucks, um unregelmäßige, lustige Muster zu stempeln, die man so nicht kaufen kann.

Für einen deckenden Druck mit klaren Kanten eignet sich eine dickflüssige Siebdruckfarbe sehr gut. Eine Gel-Druckplatte lässt sich als Stempelkissen verwenden. Mehr dazu ab S. 144 bei den Projekten in der Monoprint-Technik.

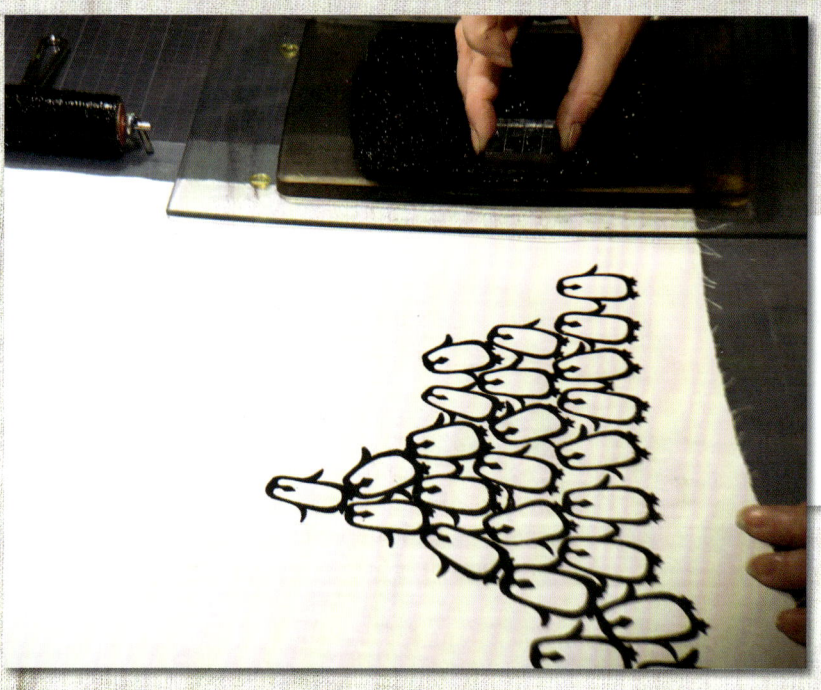

Du rollst die Stofffarbe mit einer Farbwalze auf der weichen Gelplatte aus. Dann drückst du den Stempel auf die Gel-Druckplatte, um Farbe aufzunehmen. Mache einen Testabdruck, um zu sehen, ob die Farbe dick genug ausgerollt ist.

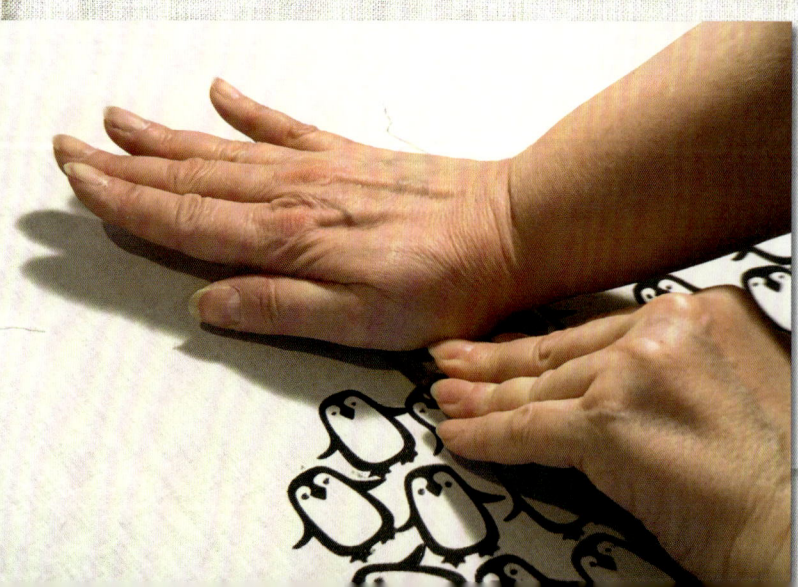

Drücke den Stempel fest auf den Stoff, damit ein deutlicher Abdruck entsteht. Wenn du einen Acrylblock benutzt, kannst du auch ein zweites Mal darüber drucken. Bei Bedarf rolle wieder frische Farbe auf der Gelplatte aus zum Weiterstempeln.

Das Fixieren
von selbst bedruckten Stoffen

Für Temperatur und Bügeldauer die Gebrauchsanweisung der Farben beachten!

Mit dem Bügeleisen

oder

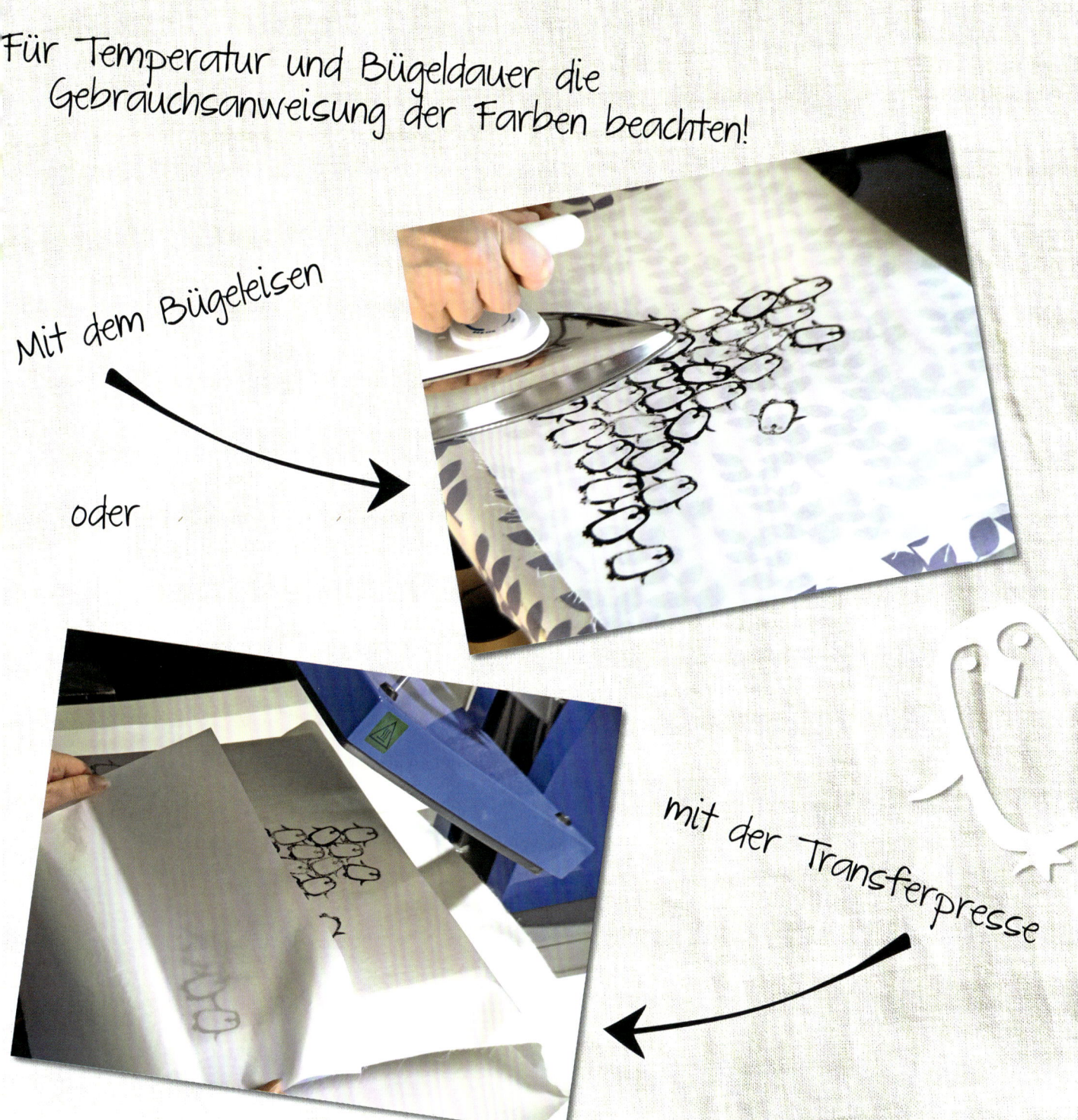

mit der Transferpresse

Großflächige Motive

Stoffdruck muss nicht perfekt sein.
Kleine Unregelmäßigkeiten zeigen, dass dieser selbst gemacht ist.
Bei großen Stempelmotiven ist es manchmal schwierig, einen dichten, voll durchgefärbten Abdruck zu erhalten.
Mache dir den für Stempel charakteristischen Grunge-Effekt zunutze. Gerade großflächige Muster sehen lebendiger aus, wenn sie unregelmäßige Bildbereiche haben.

Große Stempelmotive lassen sich gut mit dem Plotter schneiden. Benutze unbedingt zwei gleiche Motive übereinander. Dann gerät nicht so leicht Farbe auf den Rand des Acrylblocks.
Zum Einfärben großer Stempelmotive eignet sich eine Farbwalze am besten. Das Ausrollen der Farbe geht sehr gut auf einer Glasplatte (z. B. das Glas des Bilderrahmens von S. 131, den du für den Siebdruck brauchst).

Tipp!

Auf großflächige Stempel trägst du die Farbe am besten direkt mit einer Farbwalze auf den Stempel auf.

Benutze eine doppelte Lage Moosgummi und eine undurchlässige Unterlage, z. B. Plastikfolie zum Stempeln. Rolle die Stofffarbe auf einer
harten Unterlage, z. B. einer Glasplatte aus. Rolle die Farbe mit der
Farbwalze auf das Stempelmotiv auf.

Wische Farbe, die aus Versehen auf
den Rand des Acrylblocks geraten
ist, mit einem Tuch ab.
Dann drücke den Stempel fest auf
den Stoff. Wenn die Stofffarbe auf
der Glasplatte aufgebraucht ist,
rolle erneute Farbe aus.

Du kannst unschöne Abdrücke
auch noch einmal überdrucken.
Mit großen Stempelmotiven kannst
du schnell eine große Fläche Stoff
bedrucken.

Nach dem Trocknen kannst du mit einer anderen Farbe weitere Motive hinzufügen oder kleine Akzente darüber drucken.
Bereits kleine Änderungen können das Gesamtbild des Druckmusters stark beeinflussen.

Den Stoff musst du dann von links wieder mit Hitze fixieren.
Entweder du bügelst ihn entsprechend der Gebrauchsanleitung für die von dir verwendete Stofffarbe oder du fixierst Stück für Stück mit der Transferpresse.

Grafische Muster

Grafische Muster entstehen durch eine Aneinanderreihung von einfachen geometrischen Motiven. D. h. du brauchst nur ganz einfache Stempelformen, um auffällige und dekorative Muster zu bilden.

Für das folgende Muster werden gleich drei Motive aus Stempelmaterial auf dem Acrylblock aufgebracht. Auch diese werden wieder doppelt verwendet, um den Druckstock höher zu machen.

Tipp!

Mehrere Motive gleichzeitig auf einem Acrylblock spart Zeit beim Stempeln von geometrischen Mustern.

Probiere für jedes Motiv und jede Stofffarbe aus, wie du die Stempel am besten einfärbst.
Hier war es ebenfalls einfacher, die Farbe direkt mit der Farbwalze auf den Stempel aufzurollen.

Bei einem Schwarz-Weiß-Druck sehen ungewollte Farbspuren auf dem Druck besonders unschön aus. Deshalb wische nach jedem Einrollen den Acrylblock sorgfältig ab.

Wenn die Drucke nicht schön deckend sind, drucke mit frischer Farbe auf dem Stempel noch einmal an der gleichen Stelle. So arbeitest du dich Reihe für Reihe nach oben.

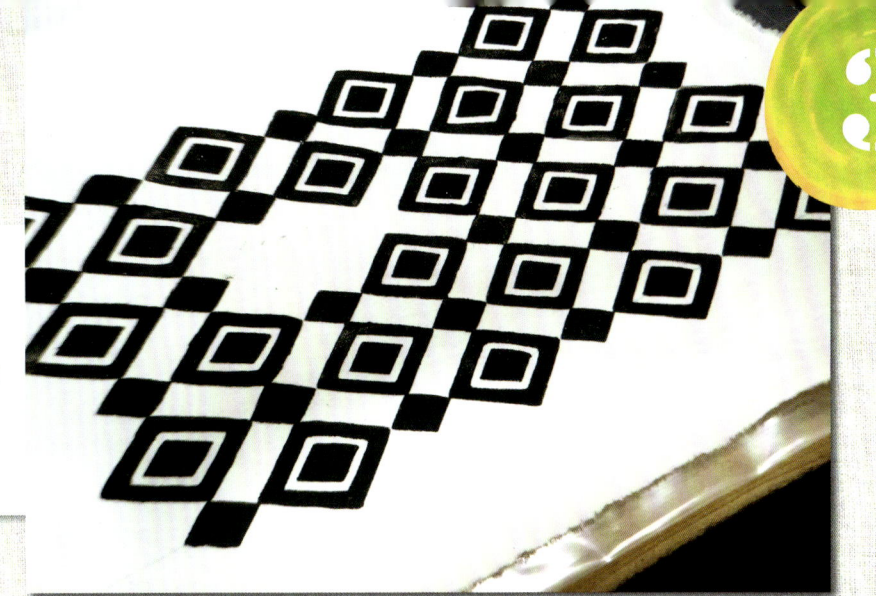

Geometrische Drucke bieten sich an, kleine Unterbrechungen einzuarbeiten. Du kannst einzelne Abdrücke auslassen und später mit einem anderen Motiv füllen.

Bei dem verwendeten Motiv kannst du die Mitte aus dem Rhombus herausnehmen und diesen dann zuletzt mit einem gegenständlichen Motiv in einer ganz anderen Farbe füllen, um den gleichmäßigen Druck etwas abzuwandeln.

Geometrische Motive wirken am besten auf einer großen Fläche. Es ist eine Fleißarbeit, die jedoch mit einem großen Stück Stoff belohnt wird, aus dem sich Vorhänge, Kissen oder dekorative Kleidungsstücke anfertigen lassen.

3

Stoffmuster mit Schablonen

Schablonen lassen sich mit dem Schneideplotter hervorragend schneiden. Es gibt verschiedene Materialien mit unterschiedlichen Eigenschaften.

Die Plotter-Hersteller bieten jeweils auf die Geräte abgestimmtes Schablonenmaterial in Schneide-mattengröße an. Dieses ist stabil, jedoch flexibel, leicht selbstklebend und eignet sich für fast alle Arten von Arbeiten mit Schablonen.

Du kannst auch Overheadfolien und Folien neh-men, die als Frontseite zum Binden von Broschü-ren mit Bindegeräten angeboten werden. Diese sind hochtransparent, eher steif, abwaschbar und sehr lange haltbar. Mit Sprühkleber kannst du diese bei Bedarf auch klebrig machen.

Freezer paper lässt sich temporär aufbügeln, ist jedoch sehr dünn und erfordert einige Erfahrung beim Schneiden mit dem Plotter.

Auch hier empfiehlt sich, selbst auszuprobieren, womit du am liebsten arbeitest.

Tipp!

Die richtige Wahl des Schablonenmaterials kann dir die Arbeit sehr erleichtern. Überlege dir vorher, wie haltbar, steif und transparent die Schablone sein soll.

Das handgezeichnete „V" ergibt stark verkleinert und gleichmäßig in Reihen angeordnet ein Texturmuster, das für einen flächigen Druck sehr gut geeignet ist. Genauso kannst du auch Muster z. B. mit einem Strich, Kästchen oder Kringel erstellen. Mit den Schneideprogrammen kannst du kleine Motive leicht duplizieren. Einfach mal ausprobieren!

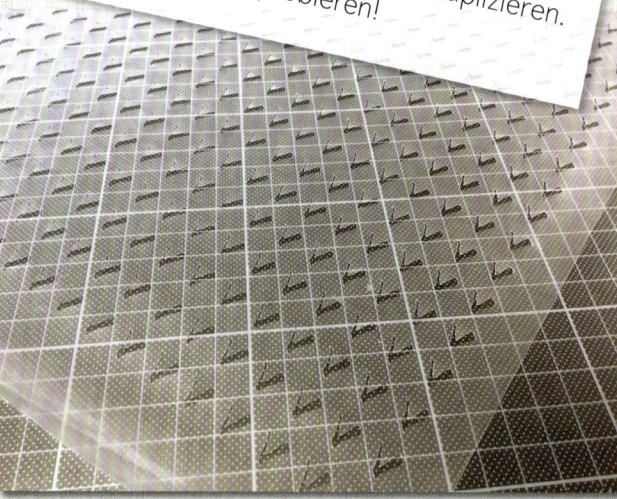

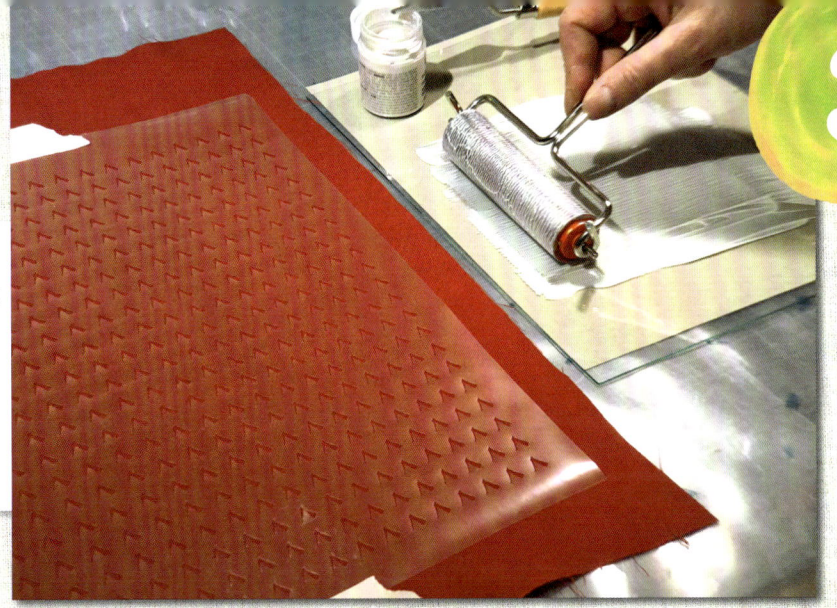

Klebe die Schablonenfolie auf den Stoff und befestige sie zusätzlich mit Klebeband. Für solch kleine Muster ist eine dünnflüssige Stofffarbe besser zu verarbeiten. Rolle diese mit der Farbwalze auf einer glatten Fläche, z. B. einer Glasplatte, aus.

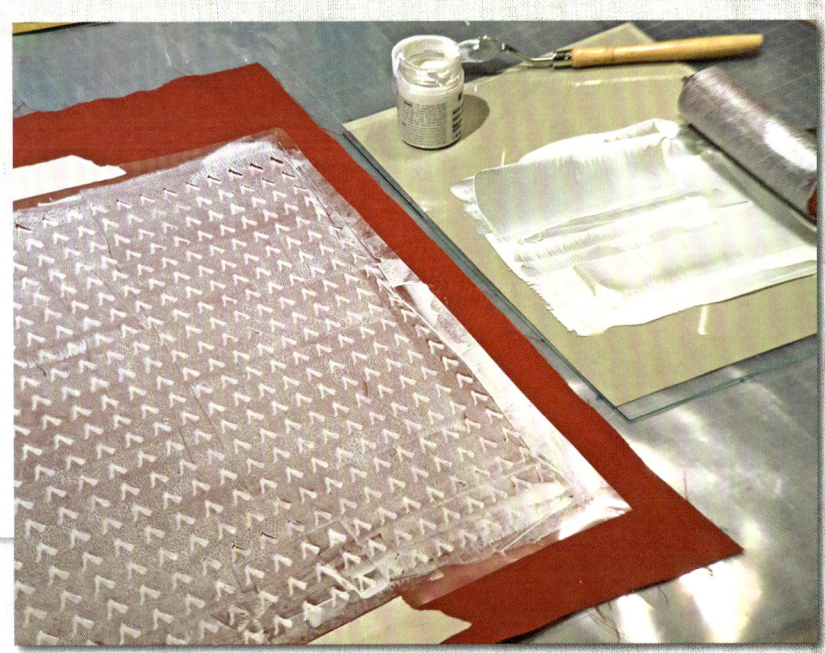

Dann trage die Farbe mit der Farbwalze auf die Schablone auf. Übe beim Abrollen einen gleichmäßigen Druck aus, damit die Farbe durch die kleinen Öffnungen der Schablone hindurchgedrückt wird.

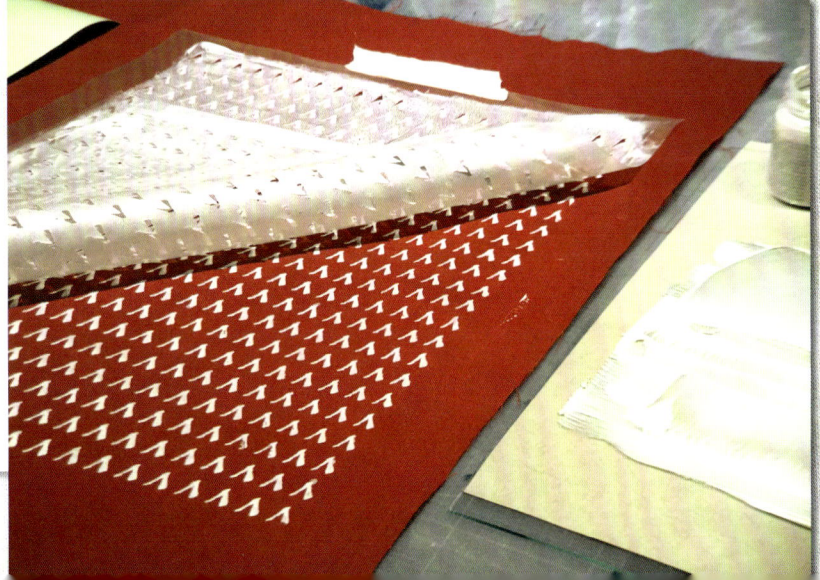

Dann ziehe die Schablonenfolie an einer Ecke beginnend langsam ab. Sieh nach, ob alle Motive gleichmäßig gedruckt sind. Ansonsten lege die Schablone wieder zurück auf den Stoff und rolle noch einmal mit Farbe darüber.

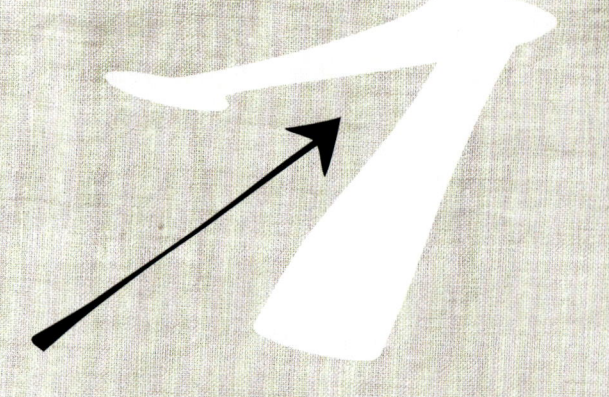

Tipp!

Streiche mit Rolle oder Rakel immer in Richtung der losen Teile des Musters, damit diese beim Farbauftrag nicht umknicken.

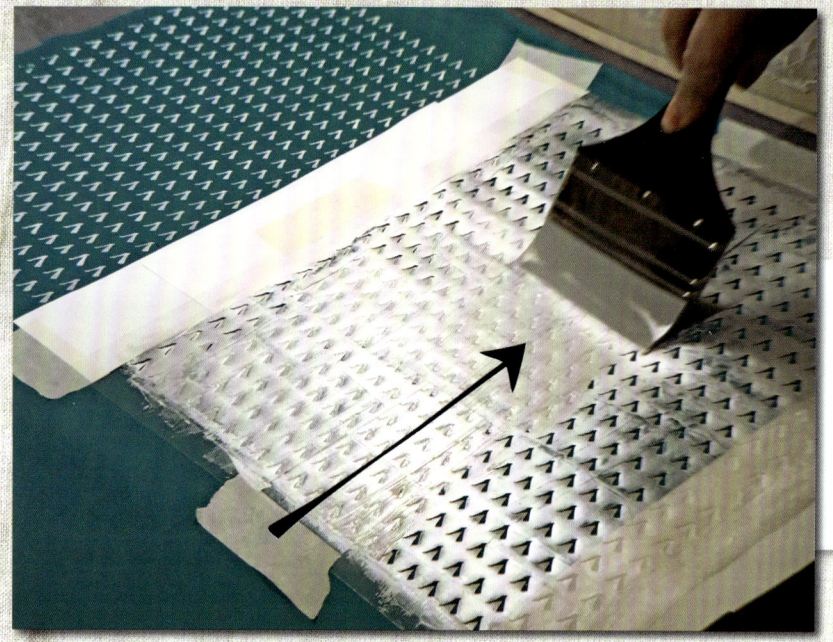

Statt mit der Farbwalze kannst du die Stofffarbe beim Schablonendruck auch mit der speziellen Siebdruckrakel auf dem Foto links auftragen. Je nachdem wie schräg du die Rakel hältst, lässt sich der Druck beim Auftragen leicht variieren.

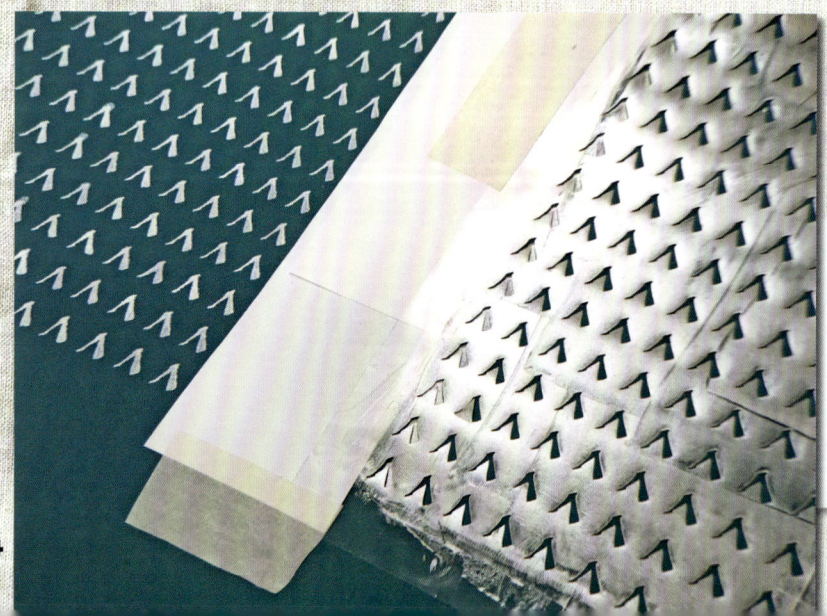

Wenn der erste Druck getrocknet ist, kannst du die Schablone für den nächsten Druck nahtlos anlegen. Dann druckst du wie zuvor beschrieben und so weiter, bis der gesamte Stoff bedruckt ist.

Achte auf einen sorgfältigen
Musterübergang von einem Aufdruck zum Nächsten.
Auf diese Weise lassen sich auch
größere Stoffmengen schnell und
einfach bedrucken.

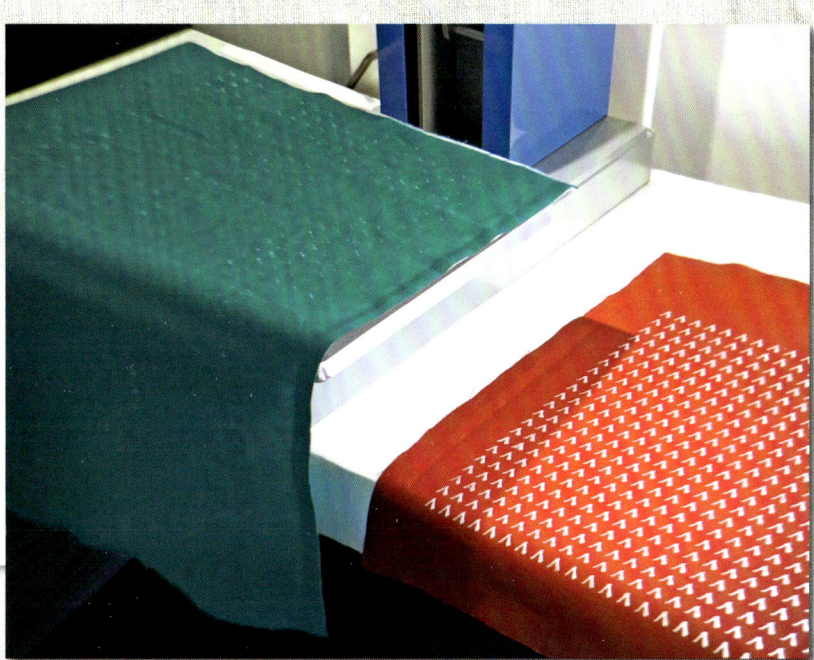

Auch diese Stoffe werden nach
dem Bedrucken von links durch
Bügeln mit dem Bügeleisen oder
durch Pressen mit der Transferpresse fiixiert. Beachte bitte die
Gebrauchsanleitung für die von dir
verwendete Stofffarbe.

Stoffe mit Texturmustern sind
vielseitig einsetzbar und gut mit
anderen Mustern zu kombinieren.
Ein heller Aufdruck hellt dunkle
Stoffe dezent auf und ein dunkler
Aufdruck auf hellem Untergrund
ergibt eine dezente Farbtönung.

Stempelfarbe für zarte Farbverläufe

Für diese Technik brauchst du einen hellen Untergrund und eine stabile Schablone.
Fixiere diese mit Kreppband auf dem Stoff.

Tupfe die Stempelfarbe mit etwas Druck senkrecht
von oben durch die Aussparungen der Schablone
hindurch. Vermeide dabei ein Wischen zur Seite,
damit die Farbe nicht unter die Schablone gerät.
Wenn der Farbton kräftiger werden soll, reibe die
Farbe durch hin und herdrehen des Schwämmchens
ein wenig ein. Bei dieser Technik kannst du sehr
schön die Farben ineinander übergehen lassen.

Tipp!

Die kleinen Schwämm-
chen mit Griff eignen sich
hervorragend für diese
Technik. Es gibt sie
im praktischen
4er Pack.

Die Drucke mit Schwämmchen und
Stoffstempelkissen werden zart
und pastellig.
Du kannst die Farben beliebig
ineinandertupfen, um mehrfarbige
Muster und natürlich aussehende
Farbverläufe zu erhalten.

Nach dem Drucken lässt du den
Stoff gut trocknen.
Zum Schluss wird der bedruckte
Stoff von links mit Hitze fixiert.
Beachte unbedingt auch die
Gebrauchsanweisung für die von
dir verwendete Stempelfarbe.

Stoffmuster

Masken sind die Teile, die beim Schablonenschneiden aus dem Hintergrund herausfallen.
Je nachdem, was für Motive du wählst, kannst du dafür Overheadfolie, Papier oder spezielles Schablonenmaterial verwenden.

Die Masken werden auf den Stoff aufgelegt und decken den Teil ab, der nicht eingefärbt werden soll. Am besten funktionieren dafür flüssige Textilfarben zum Aufsprühen. So verschieben sich die Masken beim Einfärben nicht.

Beim Aufsprühen der Farbe achte darauf, dass du möglichst direkt von oben und nicht von der Seite sprühst, damit so wenig wie möglich Farbe unter die Masken gerät. Mit dieser Technik kannst du tolle, farbintensive Effekte erhalten.

mit Masken

Mit mehreren Farben lassen sich auch Farbübergänge einfach realisieren. Nach dem Einfärben entferne die Masken so schnell wie möglich. Hebe die nassen Masken mit einem Spatel an und lege sie auf einem Küchentuch ab.

Masken aus Overheadfolie kannst du gleich nach dem Gebrauch unter fließendem Wasser abspülen und dann immer wieder verwenden.
Zum Schluß wird der getrocknete Stoff von links mit Hitze fixiert.

Projektbeispiele mit Schablonen

Eine Malerschürze
zum Herumklecksen

4

Das brauchst du für die Malerschürze:

- eine Schürze
- 5 bunte Reststreifen von Bügelfolien
- Entgitterhaken oder Pinzette, Schere
- 1 DIN A4 Bogen Overheadfolie
- dicke Stoff- oder Siebdruckfarben
- ein grober Pinsel

Tipp!

Kombiniere verschiedene Techniken, wie z. B. hier den Text aus Bügelfolien und die Farbtropfen aus dick aufgetragener Stofffarbe.

Der Text für diese Schürze wird aus Bügelfolie geschnitten und aufgepresst – 5 Worte in 5 verschiedenen Farben.

Für die Farbspritzer schneidest du eine Schablone aus Overheadfolie. Dann tupfst du dicke Stofffarbe durch die Schablone, sodass ein rauer fühlbarer Farbauftrag entsteht.

Wenn du diese Schürze umgebunden hast, kann beim Herumkleckern, Sprühen, Wischen und Pantschen bei den darauf folgenden Projekten nichts mehr schiefgehen.

Schneide und entgittere die Worte aus den verschiedenen Bügelfolien- reste wie in Kapitel 1 beschrieben, und bügle/presse sie unregelmäßig angeordnet auf das Oberteil der Schürze auf.
Entferne die Transferfolien.

Schneide aus der Overheadfolie eine Schablone mit den drei Farb- spritzern aus **Datei 01_04_splash** vom Projekt auf Seite 28.
Schneide die Spritzer mit der Sche- re grob aus. Lege die Schablonen auf die Schürze und streiche mit dem Pinsel die Farbe dick auf.

Hebe die Schablonen vorsichtig nach oben ab. Reinige sie unter fließendem Wasser, damit du sie an einer anderen Stelle mit einer anderen Farbe verwenden kannst. Male auf diese Weise 6–7 Motive auf die Schürze.

Peel off

Peel off

FACE
up

WASH
UP

Splash

Handlettering fürs Badezimmer

Das brauchst du für die WASH UP Badematte:

- 1 weiße Badematte
- 2 DIN A3 Bogen Overheadfolie
- flüssige Stofffarbe in Blau und Violett
- 2 leere Sprühflaschen
- Papier zum Abdecken als Spritzschutz
- Küchenrolle und Malerkrepp

Für dieses Projekt brauchst du einen großen, freien Tisch

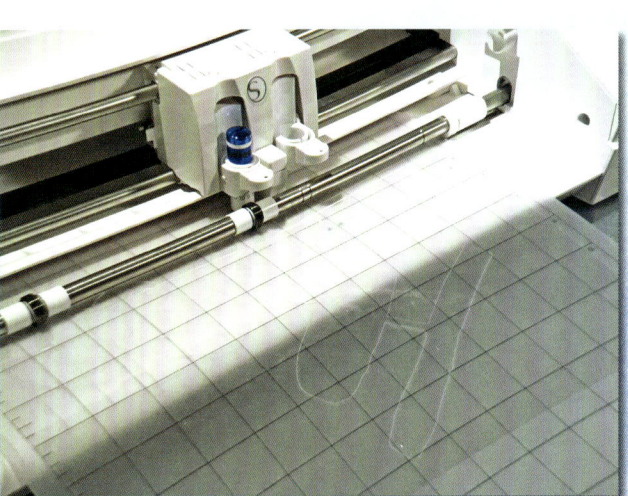

Dieser kurze Schriftzug ist perfekt für Handlettering.
Scanne deinen selbst gezeichneten Schriftzug ein oder mache ein kontrastreiches Foto davon und zeichne ihn in der Schneidesoftware nach. Dann schneidest du jedes der Worte aus einer DIN A3 Overheadfolie als Schablone.

Falls du nicht selbst handlettern möchtest, kannst du die **Datei 04_14_wash_up** herunterladen und dafür verwenden.

Du brauchst für dieses Projekt viel Platz, eine Arbeitsfläche, auf der du die ganze Badematte ausbreiten kannst.

Und du brauchst viel Papier, um die ganze Umgebung des Arbeitsplatzes vor dem Sprühnebel zu schützen.

Decke deine Arbeitsfläche komplett
mit einer Plastikfolie ab.
Dann fülle die flüssigen Stofffarben
jeweils in eine Sprühflasche um.
Stelle die Flaschen zur Seite und
lege die Badematte flach auf die
Arbeitsfläche.

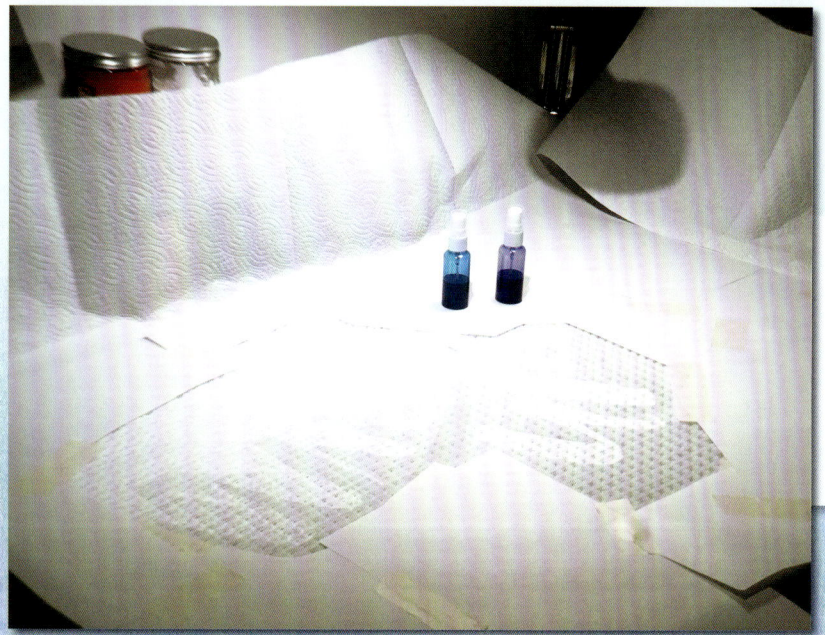

Lege die Schablonen an die ge-
wünschte Stelle und fixiere sie mit
ein paar Streifen Malerkrepp.
Klebe darum herum großflächig
Papier zum Schutz gegen die
Sprühfarbe und den Sprühnebel.

Sprühe mit schnellen Sprühstößen die
erste Farbe möglichst senkrecht von
oben durch die Schablone auf Teile
des Schriftzugs.
Lasse einige Stellen weniger dicht
besprüht, damit dort die zweite Farbe
deutlicher sichtbar werden kann.

Dann nimm direkt die zweite Farbe und sprühe diese über die noch hellen Stellen, sodass eine Art Farbverlauf entsteht. Arbeite schnell, damit die überflüssige Farbe nicht länger als nötig auf der Schablone stehen bleibt.

Entferne das Abdeckpapier und die Schablonen in einem Arbeitsgang. Wickle es zusammen und achte darauf, dass die verbliebene Flüssigfarbe auf der Schablone nicht auf die Bademette heruntertropft. Entsorge das Papier.

Dann kannst du dir in Ruhe das Ergebnis anschauen und dich darüber freuen. Lasse die Farbe gut durchtrocknen. Dann legst du einen dünnen Stoff oder Backpapier darüber und fixierst die Farbe mit dem Bügeleisen.

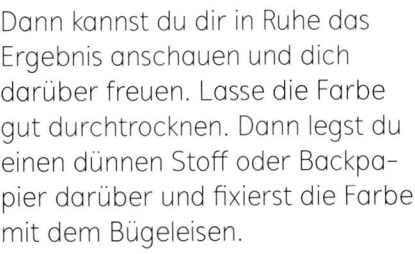

„Peel Off" Wattepadspender

Das brauchst du für 1 Wattespender:

- ca. 30 cm x 30 cm weiches Tyvek
- 1 DIN A4 Bogen Overheadfolie
- Klebeband zum Fixieren der Schablone
- metallische Acrylfarbe, Schablonenpinsel
- 50 cm weiße Kordel
- Wattepads zum Befüllen

Datei als Download

Für dieses Projekt brauchst du eine Nähmaschine

Achtung!

Tyvek kann nicht gebügelt werden! Bei der geringsten Hitze schmilzt es direkt. Die Stofffarben können daher nicht fixiert werden.

Da Tyvek nicht gewaschen und nicht gebügelt werden kann, kannst du für dieses Projekt auch metallisch schimmernde Acryfarbe verwenden.

Zuerst wird mit dem Plotter aus der heruntergeladenen **Datei 04_15_peel_off_schablone** eine Schablone zum Bemalen geschnitten.

Mit **Datei 04_15_peel_off_tyvek** schneidest du dann, ebenfalls mit dem Plotter, das Tyvek für den Wattenspender zu.

2 Teile aus Tyvek

Schablonen aus Off-Folie: Schriftzug und Umrandung

Nach dem Schneiden von Tyvek und Overheadfolie prüfe unbedingt zuerst, ob das Material gut durchgeschnitten ist, bevor du die Schneidematte ausfährst. Falls nicht, starte den Schneidevorgang noch einmal.

Nun legst du den Schriftzug und darum herum den rechteckigen Rahmen aus Overheadfolie, links auf das Rechteck aus Tyvek und klebst den Rahmen mit Klebeband fest, damit er während des Arbeitens nicht verrutscht.

Den Schriftzug kannst du nicht aufkleben. Du musst ihn während des Arbeitens festhalten.
Dann tupfst du möglichst von oben die Acrylfarbe auf das freiliegende Tyvek zwischen den Schablonen.

Nach dem Einfärben hebe die Schablone des Schriftzugs vorsichtig nach oben ab. Hierbei kann ein Malmesser helfen. Dann entferne den Rahmen und spüle beide Schablonen unter fließendem Wasser ab, zum Wiederverwenden.

Lasse die Farbe gut trocknen. Danach kannst du den Wattespender zusammennähen. Zuerst wird die Seitennaht geschlossen und dann der Ring für den Boden eingenäht.

Zum Schluss fädelst du eine Kordel oben durch die Löcher und verknotest die Enden miteinander. Dann befüllst du den Wattespender. Du kannst diesen aufhängen und die Wattepads unten durch das Loch entnehmen.

Zu Tisch, bitte!
Jetzt wird gezaubert

Das brauchst du für die Platzsets:

- Platzsets aus Rips
- Vinylfolie von der Rolle, 30 cm breit
- Transferfolie von der Rolle, 30 cm breit
- Entfärberpaste und einen groben Pinsel
- Entgitterhaken, Rakel, Cutter, Lineal
- Schneiderkreide oder löschbaren Stift

für dieses Projekt brauchst du ein Dampfbügeleisen

Tipp

Vinylfolie eignet sich prima als Schablonenfolie für grob strukturierte Stoffe, denn sie ist dünn und haftet gut.

Wähle deine Wunschdesigns aus den vier Dateien zum Herunterladen aus und schneide sie mit dem Plotter aus Vinylfolie. Sie müssen genau in der Mitte einen Längsschnitt zum Teilen haben.

Entgittere die Vinylfolie.
Achtung! Es werden die Buchstaben und die kleinen Motive entfernt, da dies eine Schablone wird.
Schneide ein Stück Transferfolie in der Länge des Motivs ab und schneide es mit Cutter und Lineal in der Mitte durch. Rolle die Transferfolie blasenfrei auf die Oberfläche der Vinylfolie.

Dann zeichne auf deinem Platzset mit Lineal und Schneiderkreide den Mittelstreifen von 5 cm Breite an. Ziehe jeweils eine Linie. Die Vinylfolienschablone wird über und unter den Linien aufgebracht und der Mittelstreifen bleibt frei.

Dann lege die Vinylfolie oben und unten an die Linie an und klebe sie auf das Platzset. Reibe die Kanten der Vinylfolie, um die Motive herum, mit einer Rakel gut in die Rillen des Stoffes hinein.

Trage die Entfärberpaste mit einem groben Pinsel satt auf die freiliegenden Stellen auf und reibe sie an den Kanten ein wenig ein. Arbeite sorgfältig, besonders bei den kleinen Mustern.

Nach dem Auftupfen ziehst du die Vinylfolie gleich wieder ab und legst sie mit der klebenden Seite nach unten zurück auf das Träger-papier. Wische die Entfärberpaste mit einem Lappen ab, wenn du die Folie weiterverwenden möchtest.

Lege die Platzsets zum Trocknen beiseite. Am besten liegen sie über Nacht in einem gut gelüfteten Raum oder noch besser, draußen im Freien, denn sie riechen möglicherweise etwas unangenehm.

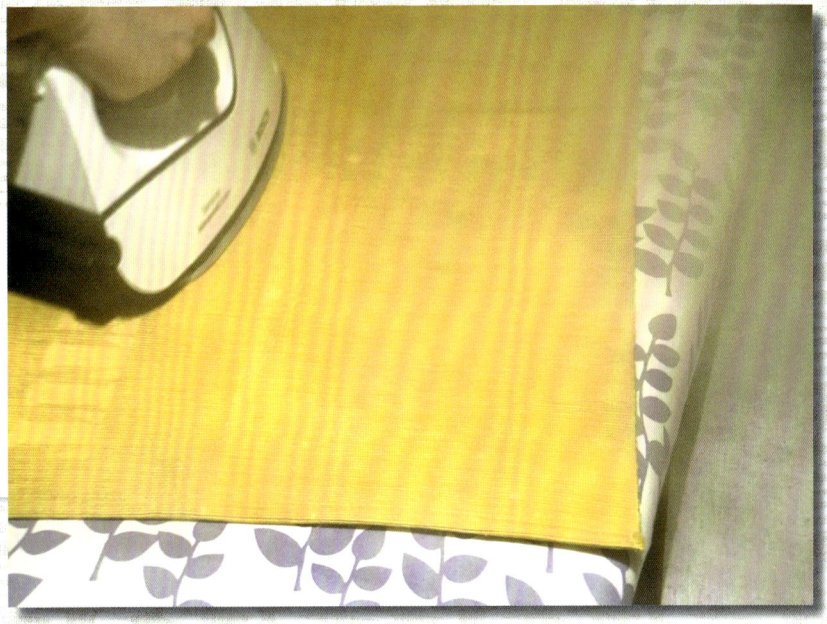

Am nächsten Tag bügelst du sie mit größter Hitze und viel Dampf solange, bis das Muster sichtbar wird. Anschließend lüfte das Zimmer und lasse die Sets erneut trocknen, bis alle Feuchtigkeit vom Dampf entwichen ist.

Bevor du die Platzsets verwendest, sollten sie gewaschen werden, damit der Entfärber ausgewaschen wird. Bitte beachte auch unbedingt vor dem Verarbeiten die Warnhinweise und die Gebrauchsanweisung deiner Entfärberpaste.

Edle Leinenservietten

Das brauchst du:

- Baumwoll- oder Leinenservietten
- einen Bogen Schablonenfolie für Plotter
- Kreppband zum Befestigen der Folie
- Stofffarbe in Schwarz, Silber und Gold
- Malmesser zum Entnehmen der Farbe
- Siebdruckrakel für den Farbauftrag
- Tücher zum Säubern der Schablonenfolie

Datei als Download!

Schablonen, die du mehrfach und in verschiedenen Farben verwenden möchtest, sollten stabil und abwaschbar sein.
Schablonen für kleine, filigrane Muster, sollten sich gut schneiden lassen und auf dem Stoff haften.

Für dieses Projekt habe ich die hochwertige Schablonenfolie eines Plotterherstellers verwendet. Ich habe diese komplett durchgeschnitten, damit sich die unzähligen, kaum sichtbaren Kleinteile schneller herausbrechen lassen.

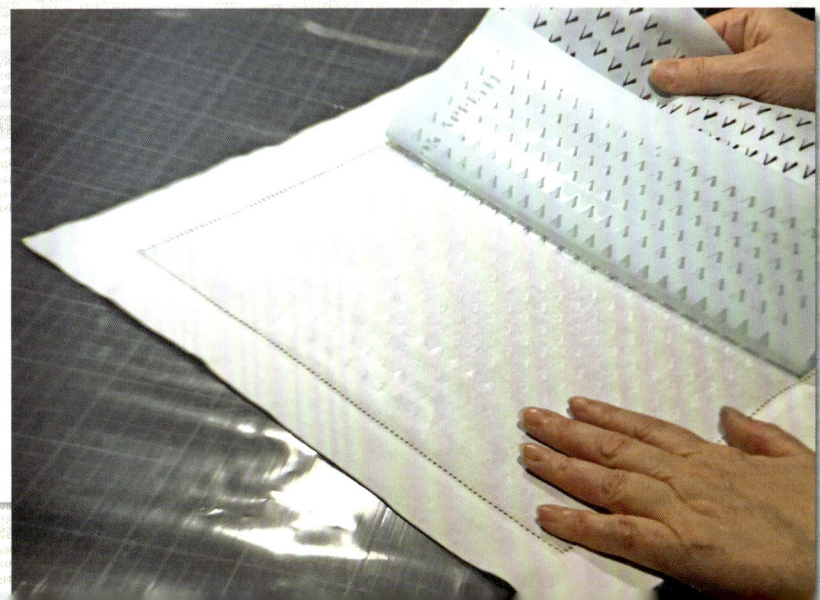

Die Schablonenfolie hat hier genau die Größe des inneren Bereichs der Stoffservietten, die bedruckt werden sollen. Sie wird fest auf die Stoffservietten aufgerieben, damit sie gut hält. Die Trägerfolie legst du griffbereit zur Seite.

Befestige die Schablonenfolie mit Malerkrepp einmal rundum auf der Stoffserviette als Schutz. Klebe die Serviette auch auf dem Tisch fest, damit beim Auftragen der Farbe nichts verrutschen kann.

Nimm nun Farbe mit der Siebdruckrakel auf und streiche sie fest über die Schablone. Achte darauf, dass du immer in Richtung der losen Teile streichst, damit diese nicht umknicken, z. B. bei den v-förmigen Motiven von oben nach unten.

Dann ziehe die Schablonenfolie von oben beginnend langsam ab. Lege sie auf die Transferfolie zurück. Wenn du eine zweite Serviette mit der selben Farbe bedrucken möchtest, kannst du die Schablone direkt auflegen und weiterdrucken.

Zum Drucken mit einer dunkleren Farbe kannst du die Schablone abwischen, trocknen lassen und sie dann wiederverwenden. Lasse die Platzsets nach dem Bedrucken gut trocknen.

Nachdem du mit einer dunklen oder auffälligen Farbe gedruckt hast, musst du die Schablone vollständig säubern.
Das geht am besten mit feuchten, ölfreien Babytüchern.

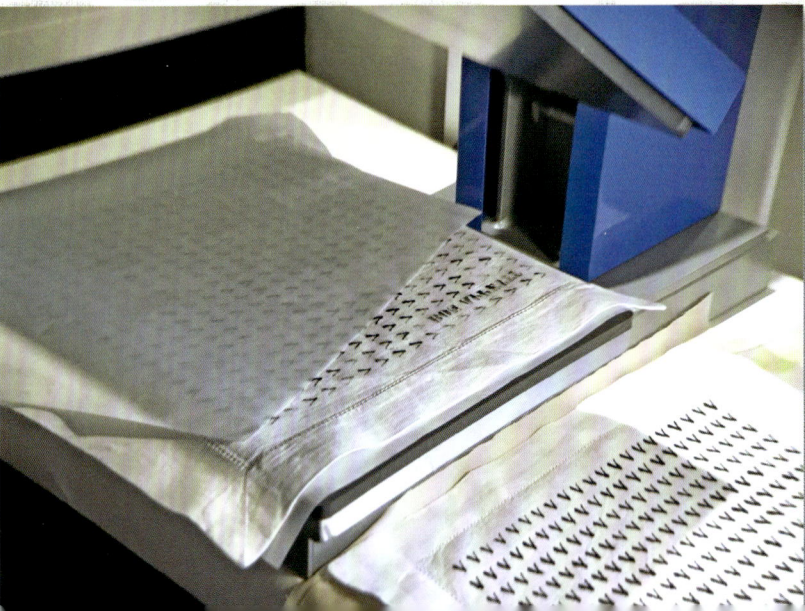

Und auch die Platzsets müssen von links mit Hitze fixiert werden, damit du sie später waschen kannst. Bitte beachte hierfür die Gebrauchsanweisung für die von dir verwendete Stofffarbe.

Frisches Grün für die Küche

Mehrfarbiger Siebdruck mit Rahmen

Das brauchst du zum Drucken:

- 1 weißes Textilrollo
- 2 Geschirrhandtücher
- 1 Holzbilderrahmen ca. 20 cm x 30 cm
- 6 Bogen Schablonenfolie für 6 Farben
- 30 cm x 40 cm Siebdruckstoff
- verschiedene Siebdruckfarben
- Tacker, Siebdruckrakel, Malmesser
- Schraubglas, Küchentücher

Tipp 1

Für ein großes Siebdruckprojekt mit vielen Abdrücken eignen sich richtige Siebdruckfarben am besten, da sie das Sieb nicht so schnell verkleben.

Tipp 2

Für den Siebdruck solltest du ein Waschbecken in der Nähe haben, da du den Siebdruckrahmen immer wieder auswaschen musst.

Das Drucken in einem Siebdruckrahmen hat mehrere Vorteile:
- der Stoff ist gut geschützt, denn du kannst keine Farbe über das Sieb hinaus streichen
- du brauchst nur 1 Stück Siebdruckstoff
- die Schalonenfolie ist transparent. So siehst du genau, wo du den Rahmen für die weiteren Farben auflegen musst
- mit dem Rahmen hast du mehr ein echtes Siebdruckerlebnis, als nur mit Bügelfolie auf Siebdruckstoff

Das Motiv kannst du als
Datei O4_18_gemuese herunterladen.

Das Außenmaß der Schablonen muss genau mit den inneren Abmessungen deines Holzrahmens übereinstimmen. Zuerst fügst du dem Motiv den Rahmen in der richtigen Größe hinzu. Dann speicherst du das Motiv 6 x, für jede Farbe eine eigene Datei. In jeder Datei entfernst du alle Teile, die **nicht** in dieser Farbe gedruckt werden sollen.

Dann schneidest du eine eigene Schablone für jede im Druck verwendete Farbe.

Schneide den Stoff ca. 6 cm größer zu, als der Rahmen ist. Lege den Rahmen mittig auf den Stoff und schlage ihn nach oben um. Hefte alle 4 Seiten mit einem Tacker oben rundum fest und schneide den überstehenden Stoff mit der Schere ab.

Drehe den bespannten Rahmen um und überklebe die Kanten mit Malerkrepp. Dies bildet einen Schutz, damit beim Drucken keine Farbe über den Rand der Schablone hinaus austritt.

Dann drehe den Druckrahmen wieder um und klebe die erste Schablonenfolie innen hinein. Überlege dir zuvor genau, in welcher Reihenfolge du die sechs Farben drucken möchtest. Ich habe mit Grün angefangen.

Es kann hilfreich sein, dass du dein Motiv vor dem Drucken am Computer duplizierst und festlegst, wie die Motive angeordnet werden sollen. Ein Ausdruck davon und Hilfslinien mit einem löschbaren Textilmarker helfen, den Rahmen zu platzieren.

Lege den Druckrahmen auf den zu bedruckenden Stoff auf. Dann gibst du Siebdruckfarbe in den Rahmen, außerhalb des Motivs. Mit der Siebdruckrakel verstreichst du die Farbe gleichmäßig durch das Sieb, sodass das Motiv sauber abgedruckt wird.

Dann hebst du den Druckrahmen nach oben ab und legst ihn an die Stelle, wo du den nächsten Abdruck haben möchten, trägst Farbe auf und so weiter, bis alle Motive in der ersten Farbe gedruckt sind.

Wenn du das Gefühl hast, die Drucke werden fehlerhaft, dann ist das Sieb vielleicht mit Farbe verklebt und muss zwischendurch unter fließendem Wasser ausgewaschen werden. Bevor du es weiterverwendest, muss der Rahmen wieder trocken sein.

Wenn du die erste Farbe fertig gedruckt hast, wasche den Druckrahmen aus, lasse ihn trocknen und nimm dann die Schablone aus dem Rahmen heraus. Klebe die Schablone der nächsten Farbe in den Rahmen ein und drucke weiter.

Der Vorteil des Siebdruckverfahrens gegenüber einer einfachen Schablone ist, dass sich die Farbe durch das Sieb ganz gleichmäßig verteilen lässt und du auch bei flächigen Motiven einen klaren Druck ohne sichtbare Pinselspuren erhältst.

Der Siebdruckrahmen lässt sich im Waschbecken rückstandslos säubern. Der Holzrahmen muss immer wieder gut trocknen. Dann kannst du den einmal bespannten Rahmen immer wieder verwenden, auch für andere Schablonen.

Siebdruck eignet sich sehr gut für ein fortlaufendes Muster mit einem Rapport. Der Rapport ist der Teil vom Muster, der immer wieder nahtlos an den vorigen Abdruck anschließt. Idealerweise ist das Motiv im Sieb ein einziger Rapport.

Am Rollo befestigst du unten eine Schiene. Die Montage hängt vom jeweiligen Rollo ab, das du hast. Passend dazu kannst du auch Einzelmotive auf Geschirrhandtücher drucken. Diese haben mir zum Ausprobieren gedient.

Siebdruck mit Bügelfolien und ohne Rahmen

Das brauchst du:

- 1 meliertes T-Shirt
- 1 DIN A4 Bogen glatte Bügelfolie
- 35 cm x 45 cm Siebdruckstoff
- Siebdruckfarben oder Stofffarben
- Siebdruckrakel, Malmesser
- Schalen zum Farbe mischen
- ein Folienbeutel und Karton zum Schutz

Tipp

Für Drucksiebe kannst du ganz prima Fehlkäufe verbrauchen, z. B. Flexfolien in Farben, die dir nicht gefallen.

Beim Erstellen eines Drucksiebs mit Bügelfolie brauchst du keinen Rahmen, da die Bügelfolie den Siebdruckstoff versteift, und du das so erstellte Sieb einfach auflegen kannst.

Für ein Drucksieb musst du die Bügelfolie genau anders herum entgittern als normalerweise. Du entfernst alle Musterlinien und der ganze Folienbogen wird aufgepresst.

Zum Aufbügeln ist eine Transferpresse ratsam, damit die Bügelfolie besonders an den Kanten des Motivs sehr gut hält.

Der Siebdruckstoff ist durchlässig. Deshalb musst du zum Pressen unbedingt je einen Bogen Backpapier darunter und darüber legen, um die Unterlage nicht zu verkleben.

Das Motiv von unserem Hund, das Leonie Murano extra für dieses Buch gezeichnet hat, kannst du als Plotterdatei In ihrem Shop www.dreamplotts.com kaufen. Dort bietet sie ihre ausgefallenen, handgezeichneten Plotterdateien in allen Plotterformaten an.

Tipp

Dieses und viele
andere Plottermotive
von Leonie Murano
findest du auf
www.dreamplotts.com.

© 2018 Leonie Murano

Lege alles zurecht, was du brauchst. Decke deinen Arbeitsplatz mit einer Plastikfolie ab. Zum Mischen der Farben eignen sich flache Glasschalen, die es manchmal im Lebensmittelgeschäft im Kühlregal zusammen mit Dessert gibt.

Achtung! Du kannst nur Farben der gleichen Sorte untereinander mischen, da diese oft ganz verschiedene Inhaltsstoffe haben.
Zum Entnehmen, Mischen und Auftragen der Farbentöne eignen sich Malmesser am besten.

Wenn du fertig zusammengenähte Kleidungsstücke und Accessoires bedrucken möchtest, musst du einen Schutz zwischen Vorder- und Rückteil schieben. Dafür eignet sich ein Bogen Papier oder Karton in einem Folienbeutel.

Klebe das Foliensieb mit Klebeband fest. Du kannst auch gleichzeitig mehrere Farben auf das Sieb auftragen und dann mit der Rakel beim Durchstreichen beliebig verteilen. So entstehen ineinanderfließende Farbeffekte beim Drucken.

Der Vorteil dieser Drucktechnik mit Bügelfolien ist, dass du das Sieb an einer Seite anheben kannst, um den Druck zu überprüfen. Ist er nicht perfekt gedruckt, rollst du das Sieb wieder herunter und rakelst noch einmal Farbe durch das Sieb.

Du kannst im Siebdruckverfahren nicht nur Stoff, sondern auch viele andere Materialien bedrucken, z. B. Kunstleder und veganes Leder. Achte darauf, dass du die richtigen Farben für das von dir verwendete Material verwendest.

Für das T-Shirt schiebst du ebenfalls einen Folienbeutel in das Shirt hinein, damit der Druck nicht auf die Rückseite durchschlägt. Befestige das Drucksieb mit Klebeband auf dem Shirt, damit es nicht verrutschen kann.

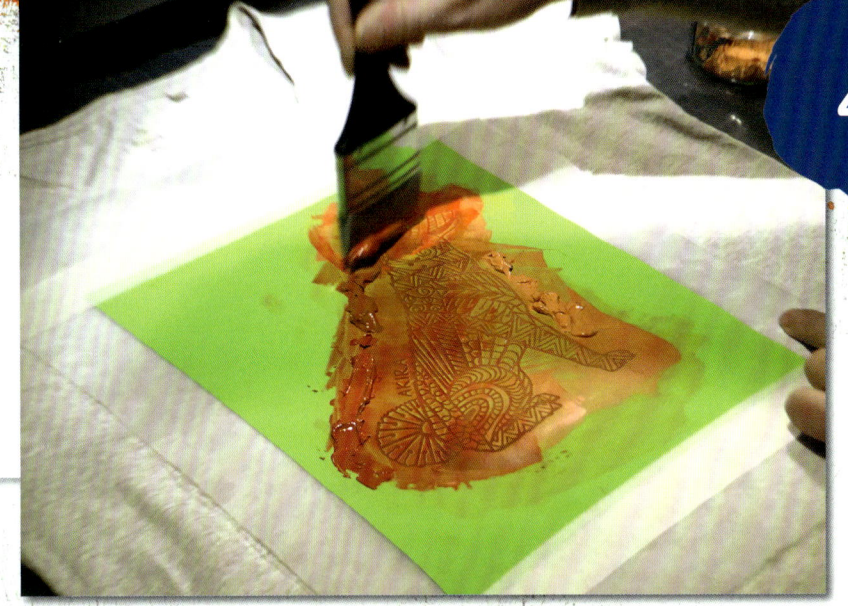

Nach dem Farbauftrag hebst du das Foliensieb an einer Seite an, um zu sehen, ob der Druck perfekt ist. Ansonsten legst du das Sieb wieder darüber und streichst mit der Rakel noch einmal Farbe durch das Sieb.

Lasse die Farbe gut trocknen. Dann fixiere deinen Siebdruck von links mit dem heißen Bügeleisen oder der Transferpresse entsprechend der Siebdruckfarbe, die du verwendet hast, damit das Kleidungsstück waschbar ist.

Zipper-Clutch mit Monoprint

Drucken mit der Gel-Druckplatte

Das brauchst du für 1 Zippertasche:

- ca. 40 cm x 60 cm schwarzen Stoff
- 1-2 DIN A3 Bogen Overheadfolie
- Stofffarbe oder Acrylfarbe für Stoff
- eine große Gel-Druckplatte
- 1-2 Farbwalzen, Malmesser
- 1 DIN A3 Bogen transparente Bügelfolie
- 1 Reißverschluß ca. 70 cm lang

Datei als Download

Tipp

Für den Monodruck, zum Drucken auf Stoff empfiehlt sich eine im Bastelbedarf erhältliche Gelli® Gel-Druckplatte.

Beim Monodruck werden verschiedene Farben und Muster direkt auf eine Druckplatte aufgetragen. Dieses Design wird dann durch Auflegen und Abziehen des Papiers oder Stoffes abgedruckt.

Hierfür geeignete Druckplatten können mit Gelatine, Glycerin und Alkohol selbst gegossen werden. Infos dazu findest du im Internet unter dem Stichwort „Gelatinedruck". Für Stoff ist die Gel-Druckplatte von Gelli Arts®, die ganz ähnliche Eigenschaften hat, besser geeignet.

Beim Monodruck sieht jeder Druck anders aus. Es ist eine höchst kreative und auch entspannende Technik, um in kurzer Zeit viele überraschende Druckergebnisse zu produzieren.

Das Verwenden von einfachen, selbst geschnittenen Schablonen lässt tolle Stoffdrucke entstehen. Für die Clutches auf dem Foto links, schneide mit dem Plotter die Sternschablonen und die Punkteschablone, die **Dateien 04_20**.

Zum Drucken rollst du mit der Farbwalze zuerst eine satte Lage Stofffarbe auf der Gelli® Gel-Druckplatte aus. Dann legst du die Schalone mit den kleinen Sternen aus Overheadfolie mittig auf die eingefärbte Druckplatte.

Lege den Stoff auf die Schablone und reibe mit der sauberen Farbwalze fest darüber, damit sich die Sterne der Schablone auf dem Stoff abdrücken. Nimm den Stoff von der Druckplatte. Rolle erneut Stofffarbe auf der Schablone aus.

Dann nimm die Schablone von der Druckplatte und lege sie beiseite. Die Sterne sind jetzt deutlich sichtbar. Lege den Stoff wieder auf und rolle ihn mit der Farbwalze gut fest. Dann nimm den Stoff ab, der nun unregelmäßig eingefärbt ist.

Säubere die Gelli® Druckplatte mit einem feuchten, ölfreien Babytuch. Lege die Sternschablone diesmal anders herum auf. Rolle metallisch schimmernde Stoff- oder Acrylfarbe auf und entferne die Schablone.

Lege den Stoff auf und reibe diesmal von Hand sehr fest den Stoff an den Stellen, wo du die Schablone fühlen kannst, damit die Sterne sich sehr deutlich abdrücken und soviel Farbe wie möglich auf den Stoff übertragen wird.

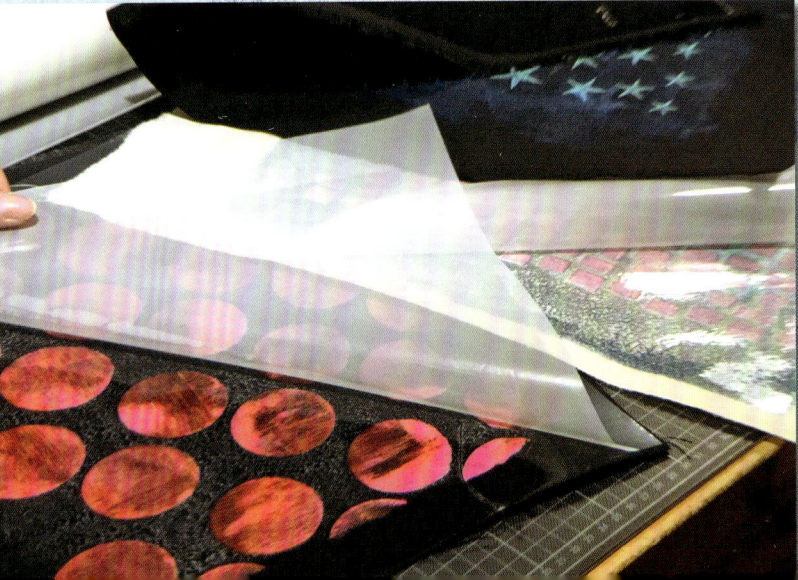

Ein weiteres Stück Stoff kannst du mit der Punkte-Schablone genauso bedrucken. Nach dem Trocknen kannst du transparente Bügelfolie innen oder außen auf den Stoff aufpressen. Die Bügelfolie gibt dem Stoff eine hochglänzende Oberfläche.

Die transparente Bügelfolie dient nicht nur der Optik, sondern auch zur Verstärkung des Stoffs. Wenn du sie rechts auf das Muster aufpresst, leuchten die Farben viel intensiver und die Oberfläche wird außerdem wasserfest.

Falte den Stoff einmal genau in der Mitte und schneide im Knick rechts und links mit der Schere einen kleinen Einschnitt als Markierung. Nähe eine Seite des Reißverschlusses von einem Einschnitt bis zum anderen um die halbe Tasche herum ein.

Dann falte den Stoff in der Mitte und nähe die andere Seite des Reißverschlusses an die andere Hälfte des Stoffes an. Fertig! Diese attraktiven Clutches sind schnell genäht und ein absoluter Hingucker.

Federmäppchen mit Aufdruck

Das brauchst du für 1 Federmäppchen (S. 149):

- ca. 35 cm x 45 cm hellen Stoff
- 1 DIN A3 Bogen Overheadfolie
- Stofffarbe oder für Stoff geeignete Acrylfarbe
- eine große Gel-Druckplatte
- Farbwalze, Malmesser
- ca. 30 cm x 35 cm dünne, transparente Bügelfolie
- 1 Reißverschluß ca. 20 cm lang

Datei als Download

Tipp

Einen Druck mit der Gelli® Gel-Druckplatte kannst du immer noch einmal neu überdrucken, wenn dir das Ergebnis noch nicht wirklich gut gefällt.

Für die Federmäppchen von S. 149 schneidest du die Schablone mit der **Datei 04_20_fuenfecke.** Lege die Schablone auf die Druckplatte und rolle mit der Farbwalze dick Farbe darüber. Dann hebe die Schablone ab und lege sie zur Seite.

Lege den Stoff auf die Druckplatte und reibe ihn mit einer sauberen Farbwalze oder besser, mit den Händen mit viel Druck, sodass das Muster sichtbar wird. Dann ziehe den Stoff ab und lege ihn zur Seite.

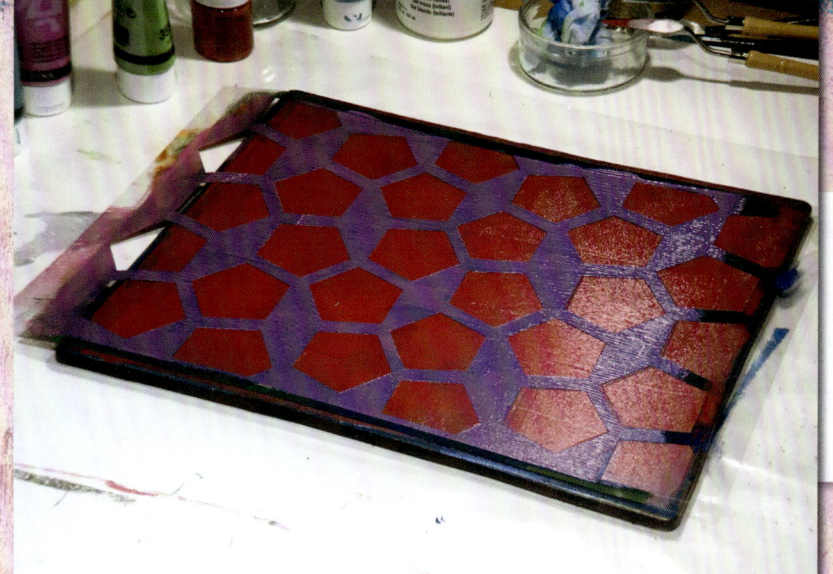

Rolle erneut dick Farbe auf die Druckplatte.
Dann lege die Schablone auf und rolle die Kontrastfarbe über die Schablone. Nimm die Schablone wieder ab, lege sie zur Seite und lege den Stoff auf.

Reibe den Stoff gut fest und ziehe ihn dann wieder ab. Nun hat der Druck auch Hintergrundfarbe.
Du kannst das Ausrollen von Farbe und das Abdrucken mit oder ohne Schablone mehrfach wiederholen, bis dir das Ergebnis gefällt.

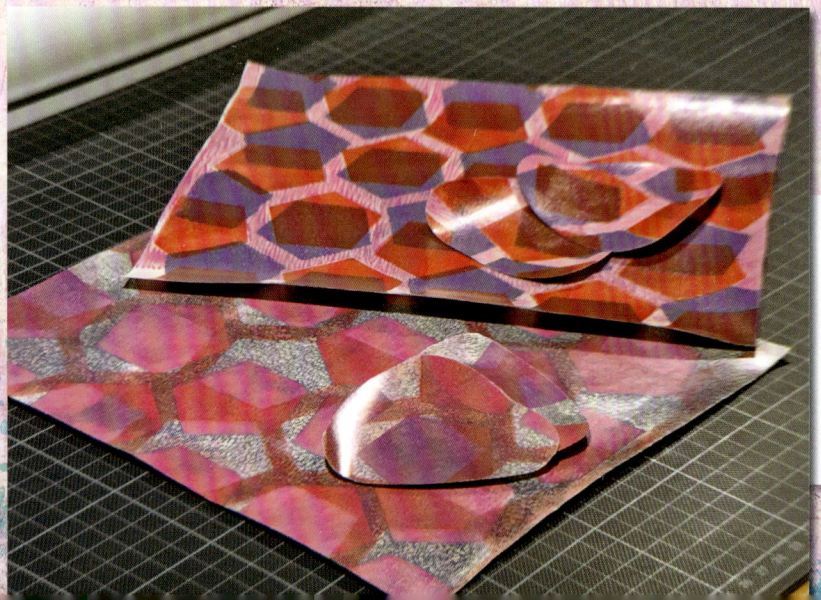

Bügle/presse die transparente Bügelfolie auf den Stoff. Öffne am Plotter oder mit deiner Maschine die **Datei 04_20_federtasche**. Schneide je 1 x das Rechteck und 2 x das Seitenteil aus dem mit Bügelfolie beschichteten Stoff.

Falls du eine Stickmaschine besitzt, kannst du den Stoff zusätzlich besticken. Wähle dafür den größtmöglichen Stickrahmen und Stickvlies, um den beschichteten Stoff nicht durch die Rundung des Rahmens zu beschädigen.

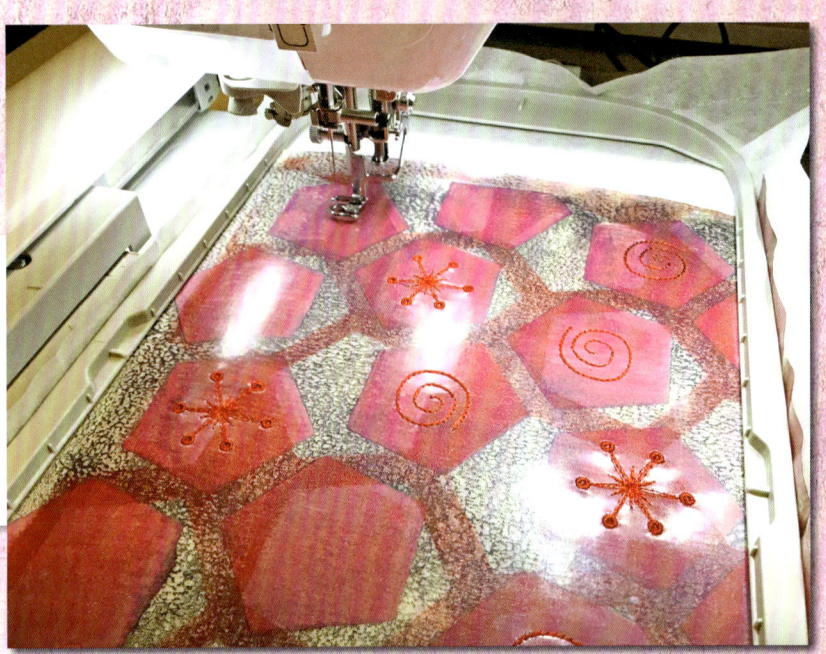

Zum Besticken eignen sich die **Stickdateien 02_10...** vom Projekt auf S. 60. Du kannst diese einzeln aufrufen, mittig zum Druckmotiv starten und absticken. Der glänzende Stoff und das matte Garn ergeben einen hübschen Kontrast.

Dann nähst du zuerst den Reißverschluss an die beiden kurzen Seiten des Rechtecks an. Öffne ein Stück des Reißverschlusses.
Drehe das Teil auf links und nähe die beiden Seitenteile ein. Dann drehe das Täschchen auf rechts.

Ein Schatzkästchen für deinen Schmuck

Datei als Download

Das brauchst du für ein Schatzkästchen:

- 1 kleines Holzkästchen mit losem Deckel
- ausreichend Korkstoff zum Beziehen
- Borte oder Fransenband für die obere Kante
- 1 DIN A4 Bogen Samtfolie für Strassschablonen
- 1 DIN A4 Bogen Transferfolie für Strasssteine
- 1 DIN A4 Trägerkarton für Strassschablonen
- ca. 400 Strasssteine zum Aufbügeln Größe SS6
- Textilkleber oder doppelseitige Klebefolie
- Lineal, Cutter, Pinsel oder Strassbürste

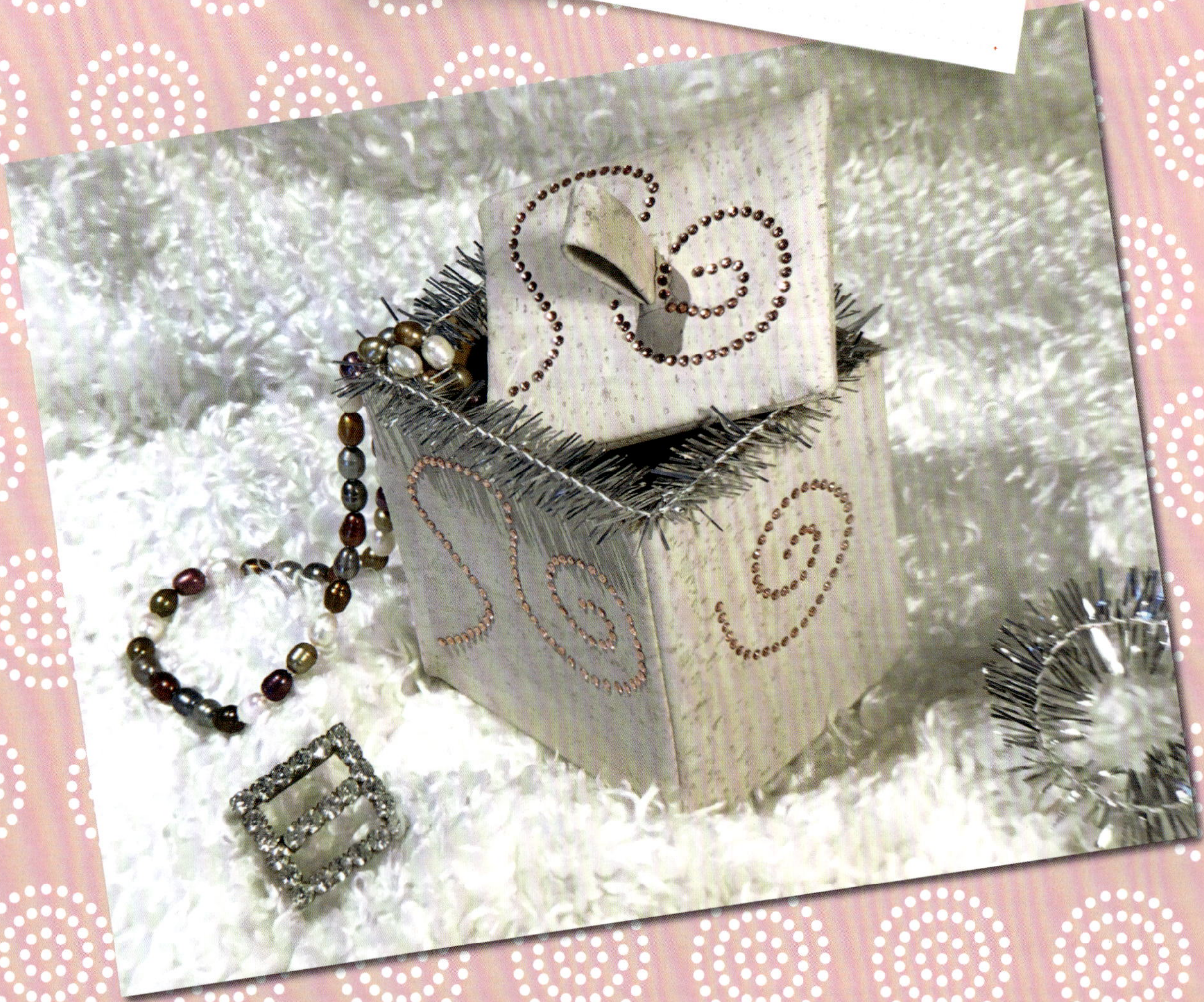

Strassstein-Verarbeitung

Achtung!

Strassmotive musst du direkt in der Software in der richtigen Größe erstellen, damit die Lochgrößen zu den Steinen passen!

Beim Aufbringen von Strassmotiven kannst du den Plotter dazu benutzen, Lochschablonen herzustellen, mit deren Hilfe die Strasssteinchen auf das Textil übertragen werden.

Um Strassdesigns in der Software zu erstellen, brauchst du für die Brother-Plotter das Strass Starter Kit und für Silhouette®-Geräte die Silhouette Studio® Designer Edition und das Schablonenmaterialset.
Es enthält jeweils die schwarze Samtfolie, die geschnitten und dann auf den festen weißen Karton geklebt wird. Mit der Spezialübertragungsfolie werden die Strasssteine von der Schablone auf das zu verzierende Stück übertragen und dann aufgebügelt.

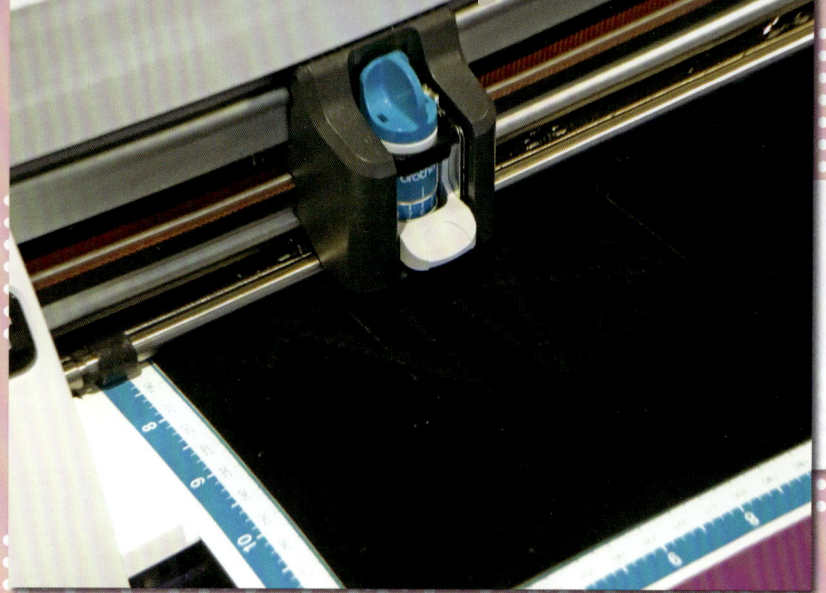

Strassmotive bestehen aus vielen kleinen Löchern in einer Reihe. Du schneidest diese aus der schwarzen Samtfolie. Dabei können sich leicht Fusseln im Messer festsetzen. Wenn der Plotter nicht mehr gut schneidet, musst du das Messer reinigen.

Schneide die Motive mit Lineal und Cutter in handliche Stücke, die auf den harten weißen Karton passen. Kleinere Schablonen sind auch besser aufzubewahren, denn du kannst einmal erstellte Strassschablonen immer wieder verwenden.

Nach dem Schneiden ziehst du die Samtfolie möglichst schnell in einem Arbeitsgang zur Seite vom Trägerpapier ab. Es sollten möglichst alle kleinen Lochpunkte auf dem Trägerpapier kleben bleiben.

Falls doch noch Punkte in den Löchern der Folie hängen geblieben sind, musst du diese von Hand entfernen. Achtung! Die Folie klebt stark und die Klebeschichten dürfen auf keinen Fall miteinander in Berührung kommen.

Dann überträgst du die Samtfolie auf den weißen Karton und reibst sie fest. Deine Strassschablone ist jetzt fertig. Nun bereitest du den zu verzierenden Korkzuschnitt vor, auf den du die Strassmotive aufbügelst. Miss dein Holzkästchen aus.

Schneide die Teile aus Korkstoff zu, die du zum Beziehen der Außenseiten und des Deckels brauchst. Am Deckel kannst du eine Schlaufe einnähen. Die Seitenteile werden später, nach dem Aufbügeln der Strasssteine, zusammengenäht.

Streue die Strasssteinchen auf die Schablone. Dann verteile sie mit dem Bürstchen oder einem Pinsel über das Motiv. Mit etwas Übung fallen sie richtig herum, mit der Steinseite nach oben, in die Löcher hinein. Ansonsten drehst du sie um.

Lege ein Stück transparente Übertragungsfolie zügig von oben auf die Strasssteine und reibe sie fest. Dann lege die Folie mit den Strasssteinchen auf den Stoff und bügle sie mit dem heißen Bügeleisen so lange, bis alle Steinchen fest haften.

Nähe die beiden Teile für den Deckel von links an drei Seiten zusammen, drehe sie um, schiebe den Deckel hinein und nähe die vierte Seite von Hand zu. Nähe die Seitenteile für das Kästchen zusammen, schiebe es hinein und klebe sie oben fest. Schneide den überstehenden Korkstoff mit der Schere oben ab und klebe die Borte auf die Kante.

Der letzte Schliff: deine eigenen Labels

Du kannst aus jedem kleinen Motiv ein eigenes Label oder einen Anhänger machen, indem du es in verschiedenen Varianten aus verschiedenen Materialien schneidest.

Schneide das Motiv, z. B. die **Datei O4_22_krone** aus Bügelfolie in Originalgröße. Bilde dann mehrere Offsets der Außenkante. So erhältst du größere Unterteile und den Motivausschnitt in der Mitte. Diese Teile schneidest du aus festen Materialien, wie z. B. veganem Leder.

Mit den Brother-Geräten kannst du auch Kunstleder schneiden. Vergiss nicht das Loch zum Aufhängen. Dann stapelst du die verschiedenen Schichten und knüpfst ein Bändchen ein.

Datei als Download

Tipp

Schneide mehrere Teile aus verschiedenen Materialien und kombiniere diese dann ganz nach Lust und Laune. So erhältst du viele verschiedene Anhänger.

Noch professioneller werden deine Kreationen mit einem eigenen Logo. Lasse jeden, der deine Kreationen sieht wissen, dass du diese selbst gemacht hast.

Dies kann ein Zeichen sein, ein Schriftzug oder beides in Kombination. Ein von dir handgezeichneter und eingescannter Schriftzug ist unverwechselbar.

Du kannst nahezu jedes Motiv aus Bügelfolie schneiden und auf einen Anhänger oder einen Aufnäher aus veganem Leder bügeln, den du zuvor geschnitten hast. Nutze auch die Möglichkeit, ausgefallene Formen zu schneiden.

Tipp

Produziere deine Labels auf Vorrat, damit du sie immer zur Hand hast, wenn du ein neues Werk fertiggestellt hast.

Eigene Bänder bedrucken

Mit den im Buch beschriebenen Drucktechniken kannst du nicht nur Stoff bedrucken, sondern auch einfarbige Bänder.

Es eignen sich alle langen, schmalen Motive und Designs wie schmale Schriftzüge, Zickzacklinien und kleine, sich aneinanderreihende Zeichen. Du kannst die Muster entweder mit einer Schablone und mit Stofffarbe aufdrucken oder aus Bügelfolie schneiden und aufbügeln.

Die bedruckten Bänder sind vielseitig verwendbar, z. B. als Schlüsselbänder und zum Aufnähen auf Kleidung und Taschen.

Mit Schablonen bedruckt

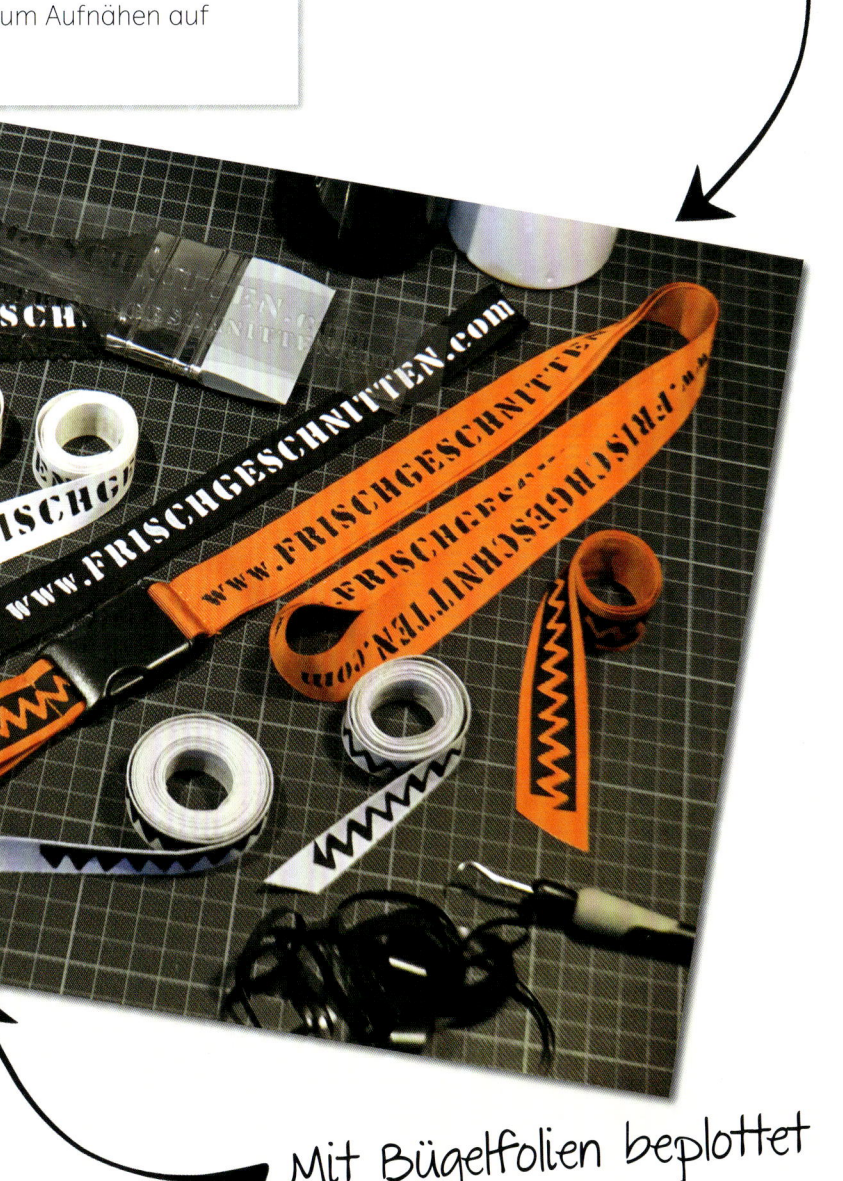

Mit Bügelfolien beplottet

157

Stichwortverzeichnis

Quellenverzeichnis

Fotos:

Die Fotos auf den Seiten 6, 7, 10, 20, 26, 34, 46, 50, 54, 60, 66, 110, 114, 118, 122, 126, 130, 136, und 142: Astrid Algermissen, Österreich
http://creativlive.blogspot.de

Grafiken und Muster:

Die Hintergrundmuster der Seiten 30-33, 61-65, 111-113, 131-149 sind von Jenn Howland
Joyful Heart Designs
www.ajoyfulheart.com/

Das Grafikmotiv „AKIRA" der Seiten 136-141 ist handgezeichnet von Leonie Murano.
Dieses und viele weitere schöne Plotterdateien gibt es auf Ihrer Webseite www.dreamplotts.com

Alle weiteren Grafiken, die nicht von der Autorin selbst gezeichnet wurden, sind Ressourcen mit kommerzieller Nutzungslizenz.

Schriften, Fonts:

Die Schriftart des Buchtitels
Caferus von Flavortype
www.flavortype.com

Die Schriftart der Überschriften:
Appleberry
Brittney Murphy Design

Schreibschrift Untertitel:
The Great Escape
Kimberly Geswein Fonts

www.fontspring.com

Die Schneideplotter der Marken Brother, Cricut und Silhouette America® sind im Handel frei erhältlich, ebenso die Gelli® Gel-Druckplatte.
Gelli Arts® and Gelli® sind eingetragene Marken der Gelli Arts LLC, die mir die Genehmigung für die Verwendung in diesem Buch erteilt hat.

Einkaufstipps

Bügelfolien:
www.frischgeschnitten.com

Design-Marktplätze:
www.designcuts.com
www.thehungryjpeg.com

Künstlerbedarf:
www.frischgeschnitten.com
www.boesner.com
www.malstoff.de

Nähzubehör:
www.naehpark.de
www.snaply.de

Stempelbedarf:
www.heindesign.de

Siebdruckzubehör:
www.jeromin-shop.de
www.siebdruck-versand.de

Kreativ-Shops in der Schweiz:
www.bigtime.ch
www.jasando.ch
www.schuwies.ch
www.scrapandstamp.ch
www.stempelseite.ch

Das Internet ist ständig in Bewegung.
Deshalb kann keine Haftung für die Richtigkeit der genannten Internetadressen und die Inhalte der genannten Webseiten übernommen werden.

Noch mehr Frisch Geschnitten

Für Anfänger, Experimentierfreudige, und alle, die noch mehr aus ihrem Plotter herausholen wollen gibt es weitere Bücher von Angelika Holz.

Alle Infos und Ankündigungen werden auf der Verlagswebseite veröffentlicht: www.plotterbuch.de

Die Bücher können bei der Autorin direkt, bei vielen Gerätehändlern und im Buchhandel gekauft werden.

Softcover
160 Seiten
für Silhouette®
Schneideplotter
Silhouette Studio® V3
ISBN 978-3-00-050768-7

Hardcover
136 Seiten
für alle Silhouette®
Schneideplotter
Silhouette Studio® V4
ISBN 978-3-9818772-1-2

Upcycling mit dem Plotter
Hardcover
160 Seiten
für alle Plottermarken
ISBN 978-3-9818772-4-3